천근만근 일상의 무게가 우리를 짓누를 때, 삶에 대한 회의가 저 깊은 곳에서 스멀거리며 올라올 때, '인간이란 무엇인가'라는 근원적 물음이 떠오른다. 그 물음은 우리가 애집하고 있던 가치들의 우선순위를 뒤바꿔 놓기도 한다. 로완 윌리엄스는 인간은 개별적 주체이기 이전에 누군가에 의해 파악되고, 호명되고, 관여되어 있는 존재임을 깨닫고 그것을 수용할 때 인간다운 삶을 누리게 된다고 말한다. 그때 세상의 아픔과 눈물은 나와 무관한 것일 수 없기 때문이다. 이처럼 심오한 신학적 인간학을 정밀하지만 평이한 언어로 설명할 수 있는 사람이 또 있을까? **김기석** | 청파교회 담임목사

로완 윌리엄스는 『그리스도인이 된다는 것』과 『제자가 된다는 것』에 이어 『인간이 된다는 것』에서 우리가 어떤 존재인지를 진지하면서도 호소력 있게 보여주고 있다. 앞서 출판된 두 작품이 한국 독자에게 던진 지적 파장이 적지 않지만, 개인적으로 이 책은 신학자이자 철학자, 문화비평가로서 로완 윌리엄스의 독창적인 모습을 가장 잘 담고 있다고 생각한다. 이 책은 신학, 철학, 뇌과학, 문학, 물리학, 사회학 등에서 일어난 여러 학술적 논의를 이해하기 쉬우면서도 정교하게 엮어 냄으로써, 인간에 관한 담론에 깊이와 넓이를 격조 있게 더해 준다. 인간됨의 복잡함을 단순화하지도 않으면서 현실의 고통받는 이들을 향해 독자의 관심을 돌려놓는 로완 윌리엄스의 심오한 지성과 따스한 인간미를 함께 접하노라면, 왜 그가 단지 뛰어난 신학자만이 아니라 이 시대 가장 영향력 있는 실천적 지성인으로 꼽히는지 알게 될 것이다. 참 인간이 되려면 '뭔가 해야 한다'는 선동적 구호에 신물 나고, 기존의 신학적 인간론의 범주로 '인간이란 무엇인가'라는 질문에 답하는 것에 무력함을 느낀 사람이라면, 이 책을 통해 인간됨의 의미를 꼼꼼히 배우고, 왜 인간에 관한 진지한 담론이 궁극적으로 '신학적'일 수밖에 없는지를 알아 가는 기쁨을 누리게 될 것이다.

김진혁 | 횃불트리니티신학대학원대학교 조직신학 교수

인간은 신비이자 생명이며 일상이다. 인간으로서 우리는 인간됨의 진정한 의미를 찾아 나선다. 로완 윌리엄스는 『인간이 된다는 것』에서 인간의 본성에 대한 지성적·심미적 안목을 제시한다. 열린 마음으로 다양한 학문을 넘나들며 인간을 진지하게 탐구하는 학제적 접근과 다각도의 성찰은 이 책의 백미다. 사유의 경계를 넘어 현존하는 신비, 생명, 일상의 인간성을 섬세하고 탁월하게 조명하는 이 책이, 하나님 앞에 선 인간의 과제와 길을 찾는 이들에게 신앙의 좌표를 제시하고, 인간의 미래를 꿈꾸고 갈망하는 이들에게 새로운 상상력과 빛나는 통찰을 촉발하기를 기대한다.

전철 | 한신대학교 신학과 조직신학 교수

『인간이 된다는 것』의 출간으로 마침내 우리는 앞선 두 책『그리스도인이 된다는 것』『제자가 된다는 것』과 함께 로완 윌리엄스가 선물한 신앙의 기초 3부작을 갖게 되었다. 이 책에서 우리는 인간에 관한 철학과 과학의 한계를 갈파하는 신학적 통찰을 목격한다. 인간의 삶과 본질에 담긴 관계성을 빼어난 감각으로 밝혀내는 신학의 대가를 만난다. 그가 우리의 고정관념에 도전하며 성찰하도록 이끄는 목적지는 분명하다. 그리스도인이 되어 제자로 걷든, 다른 삶의 영역에서 어떤 방향을 추구하든, 인간의 삶에 깃든 관계성을 자각하고 온전한 인간을 회복하는 것이다. 신과 만나려는 신앙은 자주 신을 왜곡했고, 인간을 찾아 나선 과학은 자주 인간을 배신했다. 인간을 개별화한 개인과 기계적인 물질로만 바라보았던 탓이다. 윌리엄스는 현대 학문과 종교가 당면한 문제들을 꿰뚫어, 예수의 삶 안에서 자기를 초월하는 인간, 관계와 공동체의 인간을 찾아 회복하는 길을 안내한다. 여러 학문과 역사, 전례와 영성을 아우르는 그의 도전은 읽기 쉽지 않다. 그 길은 울퉁불퉁하고 느리다. 그러나 값진 순례가 된다. 지금 우리는 하나님의 온전하고 거룩한 인간으로 향하는 순례의 지도를 손에 쥐고 있다. **주낙현** | 성공회 서울주교좌성당 주임사제

로완 윌리엄스만큼 그리스도교의 본질에 관해 탁월하게 가르치는 스승도 없을 듯싶다. 그는 그리스도인의 삶을 더욱 분명하고 깊이 인식하도록 우리를 이끌어 준다.
월터 브루그만 | 컬럼비아 신학교 명예교수

우리 시대 가장 뛰어나고 심오한 사상가 중 한 사람인 로완 윌리엄스는 이 책에서 의식, 인격, 언어, 관계, 대화, 침묵 등의 주제에 관해 생각을 자극하는 풍부한 묵상록을 만들어 냈다. 경이롭고 감동적인 저작이며, 최고 수준의 철학적 신학이다.
조너선 색스 | 전 영국 히브리연합 최고 랍비

이 책은 인간 의식의 본질에 대한 격조 높은 탐구를 통해, 자기 확신의 토대인 자율성의 가치에 대한 현행 논의의 허위를 설득력 있게 폭로하여, 인간의 내러티브와 인간관계를 우리 존재의 중심으로 되돌려 놓는다. 성찰하고 논의할 가치가 충분한 매력적인 책이다.
쉐일라 홀린스 | 세인트 조지 런던대학교 명예교수

로완 윌리엄스의 가장 놀라운 특징은 그의 인간미와 정교한 지성이다. 이 책에서 그는 이 두 은사를 아주 뛰어나게 활용하여 인간이 된다는 것의 의미를 조명한다. 힘 있는 동시에 확신에 찬 에세이로 구성된 더할 나위 없는 선물이다.
헬레나 케네디 | 국제법학자위원회 영국지부 의장

로완 윌리엄스는 결코 실망시키지 않는다. 이 책은 의식의 본질과 우리의 시간관, 침묵의 지혜 등 중요 주제에 관한 그의 성찰이 오롯이 담긴 필독서다.
이언 맥길크리스트 | 『주인과 심부름꾼』 저자

인간이 된다는 것

Rowan Williams

Being Human
Bodies | Minds | Persons

인간이 된다는 것

몸 | 마음 | 인격

로완 윌리엄스 지음 | 이철민 옮김

복 있는 사람

인간이 된다는 것

2019년 4월 22일 초판 1쇄 발행
2024년 5월 17일 초판 4쇄 발행

지은이 로완 윌리엄스
옮긴이 이철민
펴낸이 박종현

(주) 복 있는 사람
주소 서울특별시 마포구 연남동 246-21(성미산로23길 26-6)
전화 02-723-7183, 7734(영업·마케팅) 팩스 02-723-7184
이메일 hismessage@naver.com
등록 1998년 1월 19일 제1-2280호

ISBN 979-11-7083-127-3 03230

이 도서의 국립중앙도서관 출판시도서목록(CIP)은
서지정보유통지원시스템 홈페이지(http://seoji.nl.go.kr)와 국가자료공동목록시스템(http://
www.nl.go.kr/kolisnet)에서 이용하실 수 있습니다. (CIP 제어번호: 2019011646)

일러두기

이 책에 실린 글은 2009-2015년에 행한 다음의 강연을 기초로 정리한 것이다.

1장 | '의식이란 무엇인가', 2015. 4. 3.. 제임스 그레고리 강연, 세인트앤드루스 대학교.

2장 | '인격과 개인: 인간의 존엄성과 인간관계, 인간의 한계', 2012. 10. 1.. 제5차 연례 테오스 강연, 런던.

3장 | 지식의 나무: 몸·마음·생각', 2015. 2. 18.. 더럼 대학교 더럼 캐슬 강연.

4장 | '믿음과 인간의 변영: 종교적 믿음과 성숙의 이상', 2014. 1. 29.. 옥스퍼드 대학교 후마니타스 종교 간 연구 객원 교수로 했던 강연.

5장 | '틈 속에서 자라나는 것: 침묵과 인간의 성숙', 2014. 5. 4.. '도시의 침묵 속 대화', 웨스트민스터 대성당.

에필로그 | '승천일 성찬례 설교', 2009. 5. 21.. 웨스트민스터 애비 성당.

차례

서문 10

---

1 / 의식이란 무엇인가 15

2 / 인격이란 무엇인가 47

3 / 몸 · 마음 · 생각 73

4 / 믿음과 인간의 번영 97

5 / 침묵과 인간의 성숙 119

에필로그 / 변화된 인간성 143

주 152
추천 도서 155
스터디 가이드 157

서문

『그리스도인이 된다는 것』(*Being Christian*)과 『제자가 된다는 것』(*Being Disciples*)에 이어 이번에 『인간이 된다는 것』(*Being Human*)이 출간됨으로써 일종의 의도치 않은 3부작이 완성되었습니다. 이 책에서는 그리스도교 신앙과 행동의 기초에 대해 상대적으로 덜 다루는 대신, 우리 문화에서 '참된' 인간성과 인간다움이 무엇인지에 관한 우리의 가장 중심적인 사상이 오늘날 환경에서 위협받고 있지 않은지 의문을 품게 만드는 일련의 문제와 관련해서 폭넓게 살펴볼까 합니다. 이 책 여러 장에서 주장하듯, 인간의 생명과 행복을 설명하는 현행 모델에 대해 우리가 다소 우려하는 데는 이유가 있습니다. 그리 염려할 필요는 없습니다만, 세상이 인간다움과 인간미를 잃지 않고 더 인간다워지는 데 도움이 되도록 생각하고 행동하고자 한다면, '보다' 인간다운 것에 대한 우리의 생각이 우리 문화에서 일반적으로 제시하는 것보다 훨씬 명확해야 합니다. 그래서 이 책 여러 장에서 우리는 이 시대 혼란의 여러 근원을 조사하고, 궁극적 진리—그리스도인들이 말하는 대로, 하나님과 하나님의 뜻—의 은총 및 기쁨과 맞닿거나 긴밀해질 때 인간의 삶에서 우리가 발견하게 될 몇 가지 특징을 개괄적으로 살펴볼 것입니다.

이 책에 수록된 글은 앞서 출간된 두 책보다 여러 가지 면에서 주의를 기울여야 하는데, 각 장의 개요를 훑어보면서 핵심 논점을 살펴보는 게 도움이 될 것입니다.

1장('의식이란 무엇인가')은 '의식과 자의식을 통해 우리가 이해하는 바가 무엇인가' 하는 문제를 다룹니다. 오늘날 상당수의 대중적 과학 문헌은 마음을 기계로 혹은 두뇌를 컴퓨터 따위로 생각하도록 우리를 부추깁니다. 하지만 물질세계 안에서 우리의 자리를 언급하지 않은 채, 내러티브나 자아의 이야기를 인식하지 않은 채, 그리고 우리의 관계와 언어를 고려하지 않은 채 의식에 대해 일관성 있게 생각한다는 것은 불가능합니다.

그렇다면 이 모든 것에 비추어 볼 때 '인격'이란 무엇일까요? 2장('인격이란 무엇인가')에서 몇 가지 대답을 제시하려고 합니다. 인격이란 단순히 또 하나의 사물도 아니고, 그저 일련의 객관적 기준을 적용함으로써 그 존재나 부재를 결정할 수 있는 것도 아닙니다. 인격은 '개인' 이상의 의미를 갖습니다. 인격은 영적인 동시에 물질적이며, 인격의 독특성은 고립 상태나 총체적 독립이 아니라 공동체 속에서 성취됩니다.

인격이 영적인 동시에 물질적이라는 말이 어떤 의미인지 묻는다면, 여러분은 3장이 다루는 영역 안에 들어선 셈입니다. 3장('몸·마음·생각')은 좌뇌와 우뇌의 기능에 대한 최근의 여러 과학적 논의와 이른바 생각에서 몸이 차지하는 복합적인 역할에 비추어 몸과 마음의 관계를 살펴봅니다. 우리는 몸들로 이루어진 세계 속에서 우리의 길을 찾는 법을 배워야 하기 때문에 몸을 가지고 생각합니다. 따라서 우리는 인간다움을 고립시키거나, 우리 인간의 지식이—몸 안에서 혹은 몸을 통해 구성되어 다채롭게 짜인 자극과 상상이 아니라—등대에서 뻗어 나와 수동적 물질세계를 비추는 불빛과 같다고 상상하는 모든 인간다움에 대한 묘사를 경계해야 합니다.

근래에 우리는 '자율', 자기 결정, 환경에 대한 독자적 통제라는 이상을 대단히 애호합니다. 4장('믿음과 인간의 번영')은 우리가 어떻게 굴욕감을 느끼지 않으면서 의존적일 수 있는지 이해하는 과정에서 종교적 믿음이 어떤 도움이 되는지 살펴봅니다. 종교적 믿음은 또한 우리의 본능과 욕망을 교화하는 데, 시간의 경과를 다루고 우리의 유한성을 수용하는 데 도움을 줍니다. 믿음이 제시하는 좋은 소식 가운데 하나는, 하나님께 의존하여 살아가는 법과 시간과 몸 안에서 우리의 한계와 더불어(한계를 거스르지 않고) 살아가는 법을 배울 때, 우리의 자유가 축소되기보다 증진된다는 사실을 깨닫는 것입니다.

그리고 이것은 우리의 삶과 기도에서 우리가 책임져야 한다는 의무감, 항상 설명하고 정리해야 한다는 의무감을 내려놓더라도 두려워할 필요가 없다는 것을 의미합니다. 5장('침묵과 인간의 성숙')에서 시사하듯, 성숙하여 온전한 자유에 이른 사람은 하나님 앞에서의 침묵과 개방성에 평안함을 느낄 것입니다. 또한 그러한 이유로, 설명하고 조정하고 싶은 충동 너머로 우리를 데려가는 예배, 예수의 삶과 죽음과 부활을 통해 우리에게 선사된 신적 생명의 무한한 풍요에 우리를 여는 데 필요한 시간을 갖도록 이끄는 예배야말로 좋은 예배라 할 수 있습니다.

사실 우리는 다시 믿음의 기본으로 돌아옵니다. 인간성이 정말 무엇인지 제대로 이해하기 위해 반드시 예수를 바라보아야 한다는 확신 말입니다. 이 책은 예수의 승천에 관한 설교로 마무리됩니다. 예수의 승천이야말로, 가장 어두운 순간을 포함하여 인간 경험의 모든 측면이 예수 그리스도의 행동 안에 포섭되고 변화될 수 있음을 보여주는 표징입니다.

우리 사회에서 어떤 종류의 인간성을 계발하고 싶은지 일관된 모델이 없다면, 우리가 어떻게 가르치고, 누구에게 투표하고, 어떻게 저축하고, 어떻게 사고팔고, 어떻게 여가 생활을 즐기고,

생의 시작과 끝에 대해 어떻게 생각할지 계속 표류할 수밖에 없을 것입니다. 이 작은 책이 우리가 논의하는 주제와 관련된 다양한 질문에 대해 완전한 답을 제시할 수는 없겠지만, 이런 질문을 다룰 때 그리스도인이 염두에 두기 바라는 우선순위가 무엇인지 명확히 하는 데 도움이 되기를 바랍니다. 또한 이 책이 하나님이 바라시는 존재에 이르지 못하도록 우리를 압박하는 정치적·경제적·심리적 세력에 저항하는 하나의 매뉴얼이 되기를 간절히 소망합니다.

다시 한번, SPCK 출판사의 필립 로우와 모든 분에게 감사의 마음을 전합니다. 이 논의와 성찰을 한 권으로 엮을 것을 격려해 준 그들의 헌신과 도움 덕분에 이 책이 출간할 만한 결과물로 탄생했습니다.

로완 윌리엄스

1

의식이란 무엇인가

인간의 의식 연구에는 신학자나 윤리학자가 가장 논의하고 싶어
하는 여러 가지 주제에 아주 직접적인 영향을 미치는 여러 질문
과 더불어, 신경과학과 철학에서 다루는 대단히 광범위한 질문이
포함되어 있습니다. 따라서 이번 장에서 신학 자체에 대해서는 아
주 많이 언급하지 않을 테지만, 내가 제시하는 몇몇 단서가 의식
의 본질에 관한, 그리고 인간이 된다는 것이 무엇인지에 관한 근
본적인 질문을 통해 생각 속에서 제기되는 몇 가지 신학적 가능
성을 제시할 수 있기를 기대합니다.

상세한 질문을 다루기에 앞서 기억할 만한 가치가 있는 일반
적인 내용이 있습니다. '의식 문제'는 이제 서로 다른 학문 분과
의 최전선에서 가장 폭넓게 효과적으로 다루어지는 질문입니다.
따라서 이런 종류의 제목이 붙여진 책들은 물리학, 신경과학, 철
학, 심리학, 문학을 비롯한 다른 여러 분야에 아주 빈번하게 의존
할 것입니다. 학문에 해를 끼치기 일쑤였던 일부 엄격한 주제 구

분은 이런 종류의 근본적 쟁점이 핵심 사안일 때에는 별로 실효성이 없음을 기억하는 게 도움이 됩니다. 여기에는 긍정적인 효과와 부정적인 효과가 모두 존재합니다. 긍정적인 이유는, 대학교에서 벌어지는 가장 생산적인 논의 가운데 하나가 바로 서로 다른 학문 분야 사이의 대화이기 때문입니다. 부정적인 이유는, 각 분야에서 나오는 문헌은 엄밀성이 부족하여 다른 분야에 그대로 적용되기 어렵기 때문입니다. 바라기는 이 책에서 다룰 몇몇 내용이 엄밀성 부족 문제를 안고 있는 분야를 파악하는 데 도움이 되었으면 하는데, 실제로 생각보다 많은 내용이 엄밀성 부족 문제를 다양한 방식으로 예시할 것입니다. 하지만 논의를 시작하면서, 나는 현재의 지적 분위기에서 엄격한 주제 구분은 실효성이 없다는 이 중대한 사실을 스스로 상기할 가치가 있다고 생각입니다. 우리는 오늘날 시대가 아주 전문화된 시대라서, 과거 사람들보다 훨씬 좁고 깊게 질문을 파고드는 시대라고 서슴없이 이야기합니다. 하지만 아마 우리 인류가 맞닥뜨린 가장 굵직한 문제들은, 우리가 그 문제들을 효과적으로 공략하고자 할 때 상당히 다양한 학제적 기술을 요한다고 보는 게 옳을 것입니다.

> 우리 인류가 맞닥뜨린 가장 굵직한 문제들은, 우리가 그 문제들을 효과적으로 공략하고자 할 때 상당히 다양한 학제적 기술을 요한다.

마음은 기계인가

몇몇 문헌에서 다룬 의식에 관한 최근 논의와 관련하여 두 가지 소극적인 입장에서 시작해 보겠습니다. 철학과 과학의 여러 분과에서 도달한 한 가지 합의가 있습니다. 즉 우리가 의식(consciousness) 혹은 마음(mind)에 대해 자신 있게 말할 수 있는 한 가지 사실은, 의식이 일종의 기계라는 것입니다. 의식 문제를 다루는 한 최근 저서에서 스타니슬라스 데하네(Stanislas Dehaene)는 이런 말로 결론을 맺습니다. "인간이란 자유 의지를 지닌 기계라고 설명해도 사실 아무 문제가 없다."[1] 내가 이런 견해에 문제가 **있다**고 여기는 몇 가지 근거를 곧이어 제시하겠지만, 지금은 이런 기계 은유가 흥미를 자아내는 이유에 대해 다루어 보려고 합니다. 우리는 "의식은 기계적이다", "두뇌는 일종의 기계이자 컴퓨터다"라는 말을 자주 듣습니다. 만일 그렇다면, 의식에 대해 우리가 분명히 알아야 할 사항은 '이 기계가 어떻게 작동하는가'입니다. 철학자와 과학자가 빈번하게 제시하는 다른 '합의' 관점은 여기서부터 나옵니다. 의식이 주요한 면에서 기계와 같다면, 당연히 의식이 본성상 실상을 반영한다고 말하는 것은 착각입니다. 가장 극단적인 입장을 취하는 몇몇 저자들은 의식 개념 자체가 착각이라고 말하기에 이릅니다. 그보다 덜 극단적이기는

19

하나, 다른 사람들은 어떤 것에 대한 생각이란 전혀 존재하지 않는다고 말합니다. '생각'이란 기계의 처리 과정 속 하나의 작용일 뿐이라는 것입니다.

논의를 시작하면서 이 문제에 대한 두 가지 사고방식 모두에 내재해 있다고 보이는 혼란을 정리해 보려고 하는데, 우선 기계 은유에서 출발해 보겠습니다. 의식이 기계와 같다거나 두뇌가 일종의 컴퓨터라는 사고가 안고 있는 문제는, 이것이 대단히 복합적인 일련의 연상을 동반한 은유라는 점입니다. 기계는 기계 자체와 무관한 문제를 해결하기 위해 존재합니다. 우리는 특정한 기능을 만들어 내기 위해 기계적 과정을 고안합니다. 만일 우리가 규정해 놓은 기능을 기계가 수행하지 못한다면, 그 기계는 실패작입니다. 따라서 차를 운행하지 못하지만 아주 만족스럽게 계란을 삶는 내연 기관이 있다면, 그것은 훌륭한 기계가 아닙니다. 그렇다면 어떤 의미에서 우리는 의식 일반이나 두뇌가 '기계'라고 말할 수 있을까요? 두뇌가 그 자체와 무관한 문제를 해결하기 위해 존재하는 것입니까? 일단 확실해 보이는 대답은 '아니요'일 수밖에 없습니다. 적어도, 아무리 환원해 봐도, 두뇌는 유기체입니다. 그리고 유기체는 그야말로 기계가 아닙니다. 유기체는 그 자체의 문제를 해결합니다. 진화 역사에서 유기체는 환경에 적응해야 하는 자체의 위기를 해결하기 위해 발전합니다. 유기체는 자기 외부에 있는 문제를 해결하기 위해 존재하지 않고, 그 자체와 더불어 자체의 행동을 수정하면서 여러 다양한 환경과 성공적인 소통을 유지합니다.

'기계'라는 용어가 개입할 때, 우리는 중대한 관념적·개념적 문제에 봉착하게 됩니다. 우리가 다루는 논의에서 이 용어가 등장하게 되면, 즉각 온갖 종류의 경고 표시가 붙어야 합니다. 흥미롭게도, 기계 모델은 이 세상에서 근원적인 형태의 인과관계가 기계적이라고 가정하는 경향이 있습니다. 가장 중요하고 기본적인 관계의 원인은 기계적이고 오로지 입력과 출력의 문제일 뿐, 심지어 자극과 반응의 문제도 아니라는 것입니다. 이런 입장은 과학을 비롯한 다른 곳에서 인과관계 개념 자체를 둘러싸고 아직까지 존재하는 숱한 난점을 건너뛰어 버립니다. 또한 물질성에 대한 일련의 가정을 동반하는데, 뒤에서 이 문제에 관해 자세히 살펴보겠습니다. 그리고 이런 입장은 '어떻게 자연 시스템과 인공 시스템 모두에서 정보의 교환이 인과적으로 작동하는가'라는 극히 복잡한 질문을 상당히 소홀히 다룹니다. 이런 입장은 훨씬 더 복잡한 시스템의 '창발적' 요소 문제를 소홀히 다루고, 또한 소위 전체론이 제시하는 관점—곧 어떤 존재는 그 부분의 총합보다 훨씬 크고, 전체 속에는 그 모든 부분적 구성 요소에 상응하지 않는 요소가 있다는 관점—을 소홀히 다룹니다.

마음은 착각인가

기계 모델은 우리가 즉각 의문을 제기해야 할 모델입니다. 또한 이 모델에 의문을 제기한다면, 당연히 '의식의 언어가 착각일 수 있다'거나 '생각이란 특히 존재하지 않는 것에 대한 생각이라고 결론 내려야 한다'는 입장을 더 이상 고려할 이유가 없습니다. 의식의 언어가 **착각**일 수 있다는 생각에 의문을 표명하는 순간, 우리는 그 말 자체에 본질적인 문제가 있음을 깨닫습니다. 착각이란 의식**에 대해** 혹은 의식 **안에서** 일어나는 일이기 때문입니다. 내연 기관이나 기계는 착각을 일으키지 않습니다. 그저 오작동을 일으킬 뿐입니다. 반면 착각이라는 개념에는 인식 개념이 전제되어 있습니다. 세상에 대한 범주화가 실재 현실과 잘 들어맞지 않는 것이지요. 그런데 이러한 불일치는 우리의 의식 자체와 결부되어 있습니다. 여러분이 명제들을 논리적으로 표현하는 방법에 깊은 관심을 갖고 있더라도, 의식이 착각이라는 사상을 조리 있게 표현하는 것은 불가능합니다. 만일 우리가 의식을 착각을 일으키는 주체로 정의한다면, 이때 무한한 논리적 퇴행이 발생합니다. 이는 '존재하지 않는 것에 대한 생각'이라는 말에도 똑같이 적용됩니다. 만일 내 생각이란 존재하지 않는 것에 대한 생각이라고 말한다면, 당연히 나는 생각에 **관한** 하나의 생각을 표명하고 있는 것입니다. 그리고 다시 나는 이 특수한 순환에서 벗어날 수 없습니다. 생각에 관한 생각에서조차, 우리는 여러 종류의 존재하지 않는 것에 대한 생각을 구분할 수 있습니다. 제 말을 끈기 있게 들어 주시기 바랍니다. 나는 네모난 원을 생각하고 있다고 **말할** 수 있지만, 이때 나는 말 그대로 존재할 수 없는 것을 생각하고 있습니다. 우리는 이것에 상응하는 것을 전혀 상상할 수 없고, 이런 생각을 표현할 수 있는 일관된 논리적 방법은 전혀 존재하지 않습니다. 나는 유니콘을 생각하고 있다고 말할 수 있습니다. 즉 나는 실존하지 않는 생물의 모습을 생각할 수 있습니다. 내가 지금 생각하는 존재하지 않는 것은, 세상에 그 예가 없지만 상징적이거나 전설적인 정체성을 지닌 것입니다. 또한 나는 실제로 존재하는 것에 대해 생각할 수도 있습니다. 유니콘이 아니라 얼룩말에 대해 생각할 수 있고, 따라서 나는 무언가를 생각하고 있습니다. 약간 억지스러운 이런 여담의 핵심은, 우리의 생각이 '의도적'(intentional)이라는 사실입니다. 생각 속 개념은, 어떤 것과 **관련이 있는** 어떤 개념입니다. 또다시 우리는 정의 문제로 돌아옵니다. 만일 의식이 착각이라고 말한다면, 나는 이미 '착각'이라는 단어 속에 의식을 주입해 넣은 것입니다. 만일 생각은 단지 생각 자체에서 유래한다고 말하더라도, 나는 우리가 항상 생각에 대해 갖는 가정을 생각으로부터 이끌어 내고 있습니다. 즉 생각은 어떤 것과 관련이 있다는 가정입니다. 물론 가끔은 실제 사례가 전혀 없는 것과 관련되어 있기도 하지만 말입니다.

내가 이 두 가지 소극적인 범주에서 시작하는 데는 나름의 목적이 있습니다. 충분한 철학적 엄격성을 갖고 이 질문에 접근하지 않는 이들이 가끔 저지르는 안이한 실수를 보여주는 아주 분명한 여러 표식을 반박하기 위해서입니다. '의식은 기계다', '의식은 착각이다'라는 진술은 모두 특별한 매력과 상당히 매혹적인 단순성을 갖고 있다고 할 수 있겠습니다만, 두 진술 가운데 어떤 것도 납득이 되지 않습니다. 따라서 의식과 물질세계, 자아와 두뇌의 관계에 대해 우리가 결국 무엇이 가장 중요하다고 말하든, 우리는 이 두 명제 중 어떤 것으로 환원할 수 없습니다.

그런데 두 가지 소극적인 진술을 제쳐 둘 때, 다시 말해 환원주의자의 합의를 거부했을 때 우리가 주장할 수 있는 적극적인 진술은 무엇일까요? 다음 부분에서 의식에 관한 우리의 언어와 사고의 네 가지 특징에 대해 주의 깊게 살펴보려고 하는데, 이번 장 제목에 담은 대담하고 야심찬 질문의 대답을 향해 한 걸음 더 전진할 수 있을 것입니다.

의식에는 자리가 있다

인간 의식에 대해 이야기할 때, 우리는 무엇보다 먼저 어디엔가 **자리 잡고 있는**(located) 것에 대해 이야기합니다. 나의 의식은 이 **곳**의 관점입니다. 이것은 1인칭 단수로 표현되는데, 이는 이 물질적 정체성이 여기서 물질적 환경을 관통하는 길을 기록할 때 사용하는 전략입니다. 흔히 인간의 지식은 사물과 부딪치는 경험 속에서 시작

> 인간 의식에 대해 이야기할 때, 우리는 무엇보다 먼저 어디엔가 자리 잡고 있는 것에 대해 이야기한다.

된다고 말합니다. 하지만 말 그대로 어린아이일 때 우리는 사물을 둘러 가는 길을 찾아내서 어느새 부딪치기를 멈춥니다. 물론 이것은 물질적 자아가 물질적 사물을 관통하는 길을 기록하는 것에만 해당되지 않습니다. 방금 전 나는 우리 세계에서 정보가 작동하는 방식에 대해 언급했습니다. 애석하게도 17세기 모델, 그리고 간혹 21세기 모델에도 불구하고 우리가 살고 있는 세계는, 세계라는 아주 커다란 당구대 위에서 작고 단단한 사물이 서로 충돌하는 세계가 아닙니다. 정보가 교환되기 때문에 변화도 일어나고 상호 작용도 일어납니다. 그리고 정보는 아주 단순하고 기본적인 분자 수준에서 교환될 수도 있고, 물질적 제약을 덜 받는 방식으로 교

환될 수도 있습니다. 단어를 말하거나 읽을 때, 그 과정에서 연상 작용이 일어날 때, 그리고 신선한 언어 배열이 등장할 때 말입니다. 하나의 의식으로서 내가 차지한 자리는 단순히 내 주변의 사물과 물질세계를 정리하는 능력만이 아닙니다. 그것은 또한 의사소통의 세계를 정리하고, 분자 수준에서부터 말과 개념 수준까지 교환되는 정보 네트워크 속에 나 자신을 두는 능력이기도 합니다. 나는 단순히 사물과 부딪치지 않는 세계가 아니라 **기호**(sign)와 부딪치는 세계에서 살고 있습니다. 다시 말해, 서로 **소통하고**, 보다 발전된 상징적 의사소통을 낳고, 보다 발전된 발언을 만들어 그 면에서 차이를 낳습니다. 의식은 물질세계 안에, 또한 언어세계 안에 자리 잡고 있습니다. 후자에 대해서는 나중에 좀 더 살펴보겠습니다.

우리가 '의식'이라는 말을 통해 습관적으로 혹은 비전문적으로 가리키는 의미가 무엇인지 철저히 생각해 보려고 하면서, 자리(location) ─ 한 철학자가 명명한 '제로 지향점'(zero point of orientation)[2] ─ 라는 근원적 실재를 인식하지 못한다면, 이는 문제의 본질을 호도하는 것입니다. 그런데 만일 의식이 이곳의 지향점에 자리 잡고 있고 위치해 있다면, 다른 물질적 행위자와 실체, 과정, 상징적 과정과 형성한 관계의 선을 정리하는 것이 중요합니다. 그럴 때 **연결**(relatedness) 개념이 마찬가지로 의식 개념의 열쇠가 됩니다. 따라서 의식과 관련해서 내가 주장하려고 하는 두 번째 적극적인 주장은 **관계성**(relationality)과 관련이 있습니다. 여기에 하나의 관점, 다시 말해 나의 '제로 지향점'을 두는 것은 다른 지향점이 존재한다는 사실을 당연히 받아들이는 것입니다. **여기에** 있음을 즉각 인식하는 것은 또한 **저기에** 다른 존재가 있음을 인식하는 것입니다.

의식은 관계적이다

의식의 관계성에 관해 보다 깊이 살펴보겠습니다. 만일 내 주위에서 물질적으로 혹은 다른 방식으로 내게 주어지는 기호를 해독하는 것이 이곳의 나라는 존재에게 중요한 문제라면, 그런 기호를 해독하고 내가 받은 정보를 기록하고 정리하기 위해서는 어느 정도 상상력이 요구됩니다. 즉 또 다른 관점을 상상하는 것 말입니다. 나의 의식은 단지 기계적인 세계로부터 내게 와서 외부의 인상을 남기는 수많은 인상을 기록하는 데 머물지 않습니다. 나는 단지 수동적으로 자극을 기록하고 수용하지 않습니다. 나는 일종의 체계적인 어림짐작에 관여합니다. 나는 다른 사람의 위치에 자신을 둡니다. 나는 내 뒤통수를 볼 수 없지만 여러분은 그럴 수 있음을 이해합니다. 내가 말할 때 여러분은 많은 것을 상상할 수 있고, 이 장을 마무리할 때쯤, 혹은 납득이 되기 시작할 때쯤, 혹은 언제든, 여러분이 마음속으로 온갖 흥미로운 질문을 던질 수 있음을 나는 이해합니다. 나는 저자로서 독자들을 상상합니다. 나는 무엇이 납득이 될지 상상합니다. 하지만 그것을 훌쩍 넘어서서, 그보다 훨씬 근본적으로, (나 자신의 몸을 포함하여) 어떤 사물을 인식하는 것은 다수의 관점을 전제하는 것입니다. 다른 관점을 상상함으로써, 나는 내가 만나는 어떤 사물이나 사람, 어떤 것의 '다각적이고 입체적인' 그림을 구성합니다. 다른 관점을 상상하지 못한다면, 나는 나 자신의 몸을 하나의 통일체로 상상할 수조차 없습니다. 나 자신을 하나의 몸으로 생각하고 의식하는 것은 다른 사람의 의식을 의식하는 것입니다.

> 나 자신을 하나의 몸으로 생각하고 의식하는 것은 다른 사람의 의식을 의식하는 것이다.

이것이 바로 나의 두 번째 적극적인 주장입니다. 우리가 보통 생각하듯, 의식에는 **관계적** 차원이 있습니다. 나는 타인을 고려하지 않은 채 사고할 수 없습니다. 내 몸이 다른 사람에게 하나의 대상이라는 사실을 이해하지 못한다면, 나는 내 몸, 이 제로 지향점을 생각할 수조차 없습니다. 나는 **보여지고**, 나는 들려지고, 나는 이해받습니다. 또한 일반적이고 막연한 의미에서 나 자신에 대해 이야기하든, 혹은 특수한 유기적 단위인 내 몸에 대해 이야기하든,

나는 단 하나의 관점으로 전부 망라되지 않는 존재를 상상할 수밖에 없습니다. 하나의 관점을 갖는다는 것은 세계가 다양한 지향점으로부터 구성된다는 사실을 이해하는 것입니다.

그리고 이것은 나의 의식이 유동적이고 가변적이며 불완전하다는 뜻입니다. 나는 다양한 관점을 전제하지 않으면 어떤 사물의 관념도 구성할 수 없기 때문에, 내 관점이 항상 부분적이고, 또한 나 자신을 의식하는 것은 나 자신이 대상, 자아, 인격 개념을 공동으로 구성하는 정보 교환 그물망 속 한 마디임을 인식하는 것임을 압니다. 의식한다는 것은 원래 사물에 부딪치지 않은 채 물질적 환경을 둘러 가는 나의 길을 발견할 수 있다는 것입니다. 그것은 가령 사람의 몸 같은 다른 물리적 대상이 나를 향해 다가올 때처럼 (내가 저 사람과 부딪칠 경우를 염두에 두고) 거리와 속도를 계산하는 능력입니다. 그런데 의식한다는 것은 또한 표정을 '읽는' 것, 곧 '나와 대화하고 있는 사람 혹은 내가 귀 기울여 듣고 있는 대상이 어떤 기호를 보내고 있는가'와 관련이 있습니다. 이것은 의식한다는 것이 지금 내 감각에 기록된 자극이 원래 가리키는 것보다 더 광범위한 맥락을 다루는 능력과 관련이 있음을 의미합니다.

의식은 협력적이고, 이런 측면에서 우리는 중요한 철학적·문학적 교양을 겸비한 신경과학자 이언 맥길크리스트(Iain

McGilchrist) 같은 저자들의 놀라운 여러 저작을 고찰할 수 있겠습니다. 그의 주장에 따르면, 두뇌의 양원적 특성(곧 두뇌가 두 개의 반구로 구성되어 있다는 사실) 때문에 우리 안에서는 다양한 종류의 인식이 작용합니다. 하나의 작동 클러스터는 세밀한 소규모 인식을 다루고, 나머지 클러스터는 구성과 연결 관념을 다룹니다.[3] 이것은 두뇌 반구의 작동 방식에 대한 아주 어설픈 구분이기는 하지만(이러한 작용은 배타적으로 하나의 반구나 나머지 반구에만 속하지 않습니다), 검증되지 않은 우리의 습관적 의식이 아주 다양한 방식으로 작동한다는 점을 상기시켜 준다는 점에서 완전히 잘못된 것은 아닙니다. 뇌 기능 장애 사례에서 어떤 일이 일어나는지 볼 때, 우리는 이것이 어떻게 작동하는지 어느 정도 알고 있습니다. 그래서 눈과 코와 입은 인식할 수 있지만 얼굴은 인식하지 못하는 어떤 사람(그런 경우가 실제로 존재합니다)의 상황은, 우리의 의식이 그 자체의 고유한 유기적 관점 속에서 협력하여 복잡한 사물을 하나로 엮는다는 점을 이해하는 일종의 열쇠가 됩니다. 두뇌에는 연관성을 맺어 더 큰 그림을 볼 수 있게 해주고, 단순히 기록이 아니라 상상을 통해 알 수 있게 해주는 다양한 작용이 항상 존재합니다.

흥미롭게도, 이 주제와 관련하여 가장 중요한 업적 가운데 하나가 백여 년 전 한 젊은 독일계 유대인 철학자 에디트 슈타인

(Edith Stein)에 의해 달성되었습니다. 위대한 철학자 에드문트 후설(Edmund Husserl)의 제자로 스승의 일부 원고를 편집하여 출간한 적도 있는 그는 1916년 **공감** 문제에 관한 박사학위 논문을 발표했는데, 거기서 대단히 세련된 솜씨로 의식 자체가 협력적이고 공감적이라고 주장했습니다. 무언가를 의식하기 위해 우리에게 또 다른 관점을 상상하는 능력이 있어야 한다는 의미에서 말입니다(앞서 내가 차용한 '제로 지향점'이라는 어구를 사용한 사람이 바로 그였습니다). 이러한 입장은 제2차 세계대전 이후 또 다른 위대한 철학자 모리스 메를로퐁티(Maurice Merleau-Ponty)가 프랑스에서 이룬 일부 연구를 몇십 년 앞서 예고하고 있습니다(우리 중에는 에디트 슈타인의 연구를 중요하게 여기는 이들이 있습니다. 그는 많은 이들에게 큰 놀라움을 안기며 가톨릭 신앙으로 회심한 뒤 카르멜회 수녀가 되어 아우슈비츠에서 죽었는데, 그곳에서 그가 남긴 의식과 정체성에 관한 글은 일련의 학문적 도전 이상의 의미를 담고 있기 때문입니다).

의식은 연속적 내러티브다

의식에 자리가 있고 다양한 관점과 관련이 있다면, 의식은 또한 본질적으로 서로 맞물리거나 교차하는 여러 관점과 관련이 있습니다. 의식은 협력적이며 사회적입니다. 내 자신의 몸을 포함하여 어떤 사람이나 사물을 상상하기 위해 내가 다른 사람의 시선을 상상해야 한다는 의미에서 말입니다. 또한 이로써 우리는 의식에 관한 세 번째 적극적 범주에 다다릅니다. 나의 관점, 나의 1인칭 관점은 언제나 부분적으로 그 관점이 **유래한** 곳을 중심으로 구성되고 표현되며 모색됩니다. 나는 연속성을 가정합니다. 나는 과거에 내가 그 일부였던 인식 및 상호 작용과 지금 진행되고 있는 인식 및 상호 작용 사이에 동일성이 있다고 가정합니다. 물리적 운동의 끊임없는 변화와 시간의 경과마저도 내가 머무는 관점, 내가 표명하는 1인칭이 일관된 실체, 연속적 실체라는 생각을 없애지 못합니다. 그리고 철학과 일부 신경과학 세계의 양면 공격이 있기는 하지만, 이런 연속성과 시간 감각이 없다면 우리가 의식에 관한 이야기를 어떻게 시작할 수 있을지 도무지 상상하기 어렵습니다. 따라서 우리가 의식에 적용할 수 있는 세 번째 적극적 범주는 **내러티브**(narrative)입니다.

의식에는 자리가 있고, 의식은 관계적이며, 또한 의식은 내러티브입니다. 즉 현재의 자극은 물론이고 과거의 상황과 관련해서 고정적 요소가 있습니다. 가장 근본적인 차원에서, 의식은 현재의 자극을 이전의 자극과 연결하여 인식합니다. 물론 의식은 또한 기억 곧 그 역할이 무엇인지 쉽게 판단하기 힘든 과거의 이미지와 혼란스럽고 어지럽게 결합되어 있습니다. 굳이 기억할 필요가 없는 것, 또한 실은 가끔 내가 기억하고 싶지 않은 것까지 기억하는 능력은, 사람들이 상당히 자주 서술한 의식의 숙제 가운데 하나입니다. 내가 아는 한 선임 교수가 몇 해 전 완벽에 가까운 기억력의 '저주'에 대해 언급했던 가슴 아픈 순간이 떠오릅니다. 즉 과도하게 민감한 기억, 고통스럽고 힘들었던 추억을 잊어버리거나 묵살하는 능력의 상실 말입니다. 이는 의식을 기계로 여기는 주장이 전혀 포착하지 못하는 일들 가운데 하나입니다. 우리는 의식으로 들어오고 나가는 기억의 조각이 정확히 어떤 역할을 하는지 특정 시점에는 알지 못하고 또 알 수도 없습니다. 하지만 우리의 의식은 이렇듯 떠도는 과거의 인상에 의존하고, 이러한 인상이 단일한 이야기의 일부라는 가정 위에서 작동하며, 또한 이렇듯 떠도는 인상을 통합하거나 이해하기 위해 부단히 애쓴 적이 아주 많습니다. 의식이 과거에 우리가 한 일과 우리에게 일어난 일이라는 우리의 이해에는 본질적 중요성이 있습니다. 과거에 우리가 한 일과 우리에게 일어난 일이 현재의 인식을 형성하고, 우리는 이것을 앞으로 형성될 의식의 중심 부분으로 기록해 두어야 합니다. 그리고 이것은 또한 내가 앞서 언급한 관계성에 대해 새로운 관점을 줍니다. 나는 구술의 주체일 뿐만 아니라―나에 관한 이야기를 전할 뿐만 아니라―여러 이야기가 전하는 대상임을 인식합니다. 내가 나 자신을 보듯, **다른 사람**도 나를 연속체로 봅니다. 또한 모든 깊은 대화에서 드러나듯, 다른 사람들이 나에 대해 전하는 이야기가 내가 나 자신에 대해 전하는 이야기와 반드시 동일한 것은 아닙니다(잠시라도 여러 사람과 공동 생활을 해본 사람이라면 누구나 이것을 느낄 것입니다). 나는 내레이터이지만 동시에 '내레이션의 대상'입니다. 나는 행위자이면서 행위의 대상입니다. 나는 보는 동시에 또한 보여집니다. 따라서 의식하는 것이란 주체―1인칭 행위자―일 뿐만 아니라 대상임을 인식하는 것입니다. 즉 나는 대화의 소재가 되고, 전해지는 이야기의 대상이 됩니다.

> 다른 사람들이 나에 대해 전하는 이야기가 내가 나 자신에 대해 전하는 이야기와 반드시 동일한 것은 아니다.

의식은 공유된 언어다

이로써 마지막 네 번째 적극적 의식 묘사에 이르렀습니다. 즉 의식은 언제나 **언어**(language)와 밀접한 관련이 있습니다. 말로 표현되지 않는 생각이란 전혀 없다는 의미가 아닙니다. 나의 의식이

란 내 생각 속에서 생겨난 것들의 완벽한 언어 목록이라는 의미
도 아닙니다(이런 관념은 철학적 오해를 낳는 불씨가 되기도 합니다).
의식은 '마음의 내용물'의 의식적 기록이 아닙니다. 오히려 의식
에는 모든 차원에서 내 안에 진행되는 기본적 정보 교환에 반응
하고, 그것을 발전시키거나 정교화하는 능력이 내장되어 있습니
다. 쉬운 말로 표현해 보자면, 말은 상황을 변화시킵니다. 무언가
말할 때 새로운 가능성이 열립니다. 의식하는 것, 곧 이 내러티브
적이고 관계적이며 자리가 있는 삶의 일부가 되는 것—나는 이것
을 '의식의 삶'이라고 묘사한 바 있습니다—은 화자(speaker)가 되
는 것입니다. 즉 기호와 상징을 만들어 내는 존재, 경청과 해석을
유발하는 주체가 되는 것이지요. 말이 상황을 변화시킨다는 말과
관련해서 가장 자극적인 표현을 사용하자면, 진화론은 진화의 작
동 방식을 잠정적으로 변화시킵니다. 우리 주변 세계에 있는 어떤
것의 작동 방식에 대한 이론을 소유할 때, 우리는 암암리에 그러
한 작용에 차이를 낳는 능력을 소유하게 됩니다. 따라서 관계성과
자리, 스토리텔링에 깊이 뿌리내린 이러한 의식 묘사에서, 우리의
언어, 상징의 생성, 해석과 교환은 본질적인 내용 같습니다. 이 모
든 것으로 인한 의식의 장애나 이상 현상이 우리에게 너무나 고
통스러운 것이지요. 공간 감각이 왜곡된 사람들, 관계성 인식이
협소해진 사람들, 두뇌 발달 과정에서 기억력 장애가 생긴 사람

들, 상징을 만들어 내는 능력을 잃어버리거나 한 번도 소유해 보지 못한 사람들, 우리는 이 모든 사람을 전부 특이한 도전에 맞서 싸우는 **인격으로** 인식합니다. 우리는 이런 사람들을 인격이 아니라고 폄하하지 않고, 단순히 원형의 정상적인 변이라고 생각하지도 않습니다. 그런 이유로 의식을 둘러싼 쟁점에 대한 사고에서, 나는 가령 자폐 상태나 다양한 종류의 치매를 안고 살아가는 이들을 사람들이 어떻게 다루는지 볼 때, 가장 함축적이고 창조적이며 도전적인 여러 가지 깨달음을 얻습니다. 이러한 본질적 장애나 도전을 볼 때, 우리는 자신이 그동안 당연시했던 것이 무엇인지 깨닫기 시작합니다. 그러한 과정에서, 우리는 의식이 **결여되어 있다**고 해서 다른 사람을 폄하하지 않습니다. 도리어 우리는 의식이라는 개념에 담긴 의미가 무엇인지, 또 우리의 기대와 다른 것이 정확히 무엇인지 여러 가지 근본적 질문을 던지게 됩니다.

다시 한번 요약해 보겠습니다. 소극적으로 말해서, 나는 의식을 기계나 착각으로 여기는 대단히 잘못된 통속적 모델을 한쪽으로 밀어내고자 했습니다. 나의 주장은 이렇습니다. 의식의 작동 방식에 대한 우리의 습관적 성찰에서 우리는 대개 큰 논란 없이 몇 가지 특징 곧 자리, 관계성, 내러티브, 언어를 가정하는데, 이를 가정하지 않는다면 세계의 작동 방식을 이해할 수조차 없습니다. 그리고 지난 10년 내지 20년 동안, 과학 분야든 철학 분야든, 의식의 본질에 대한 아주 전문적인 여러 대화에서 이러한 여러 특징(특히 언어 문제)에 관해 다루기를 상당히 꺼려 왔다는 사실은 놀라운 동시에 가끔 실망스럽기까지 합니다.

환원주의의 거부

마지막으로 두 가지를 생각해 보고 싶습니다. 하나는 환원 욕구가 어디에서 유래하는지 질문을 던지는 것입니다. 그리고 두 번째는 몇몇 신학 사상을 추적하여 이것을 다른 영역에 적용할 때 어디에 이르는지 살펴보는 것입니다.

그럼 우선, 왜 사람들은 환원 욕구를 가질까요? 왜 기계론과 착각이라는 주장에 관심을 둘까요? 철학자이자 물리학자인 레이먼드 탤리스(Raymond Tallis)는 자신의 책 『한 형이상학 산책자의 사색』(Reflections of a Metaphysical Flâneur)에서 이 문제에 대해 아주 적절한 깨달음을 제시합니다.[4] 잊을 수 없는 제목의 한 에세이 「당신은 화학 거품」은 이런 말로 시작됩니다. "나는 모욕당하는 데 신물이 난다. 일부 현대 사상가들 사이에서 호모 사피엔스에 대해 가장 적대적인 묘사를 만들어 내려는 경합이 벌어진 것 같다. 그 종의 자랑스러운 본보기가 바로 나인데 말이다." 그러면서 그는 위대한 스티븐 호킹(Stephen Hawking)을 포함하여, 인간에 대해 흥미롭고 충격적인 환원적 설명을 공표한 여러 탁월한 과학자의 글을 인용합니다. 1990년대에 스티븐 호킹은 이렇게 말했습니다. "인류란 단지 백만 개 은하계 중 한 은하계의 바깥쪽 외곽에서, 딱 평균 크기의 항성 주위를 도는, 평균 크기의 행성 위에 있는 화학 거품일 뿐이다"(그래서 제목이 「당신은 화학 거품」입니다).5 탤리스는, 자유 의지는 물론이고 의식에 대해 우리가 할 수 있는 말을 환원하려는 열망이 존재하는 것처럼 보이는 이유가 무엇인지 질문을 제기하고 답합니다. 그의 논의에 비추어 볼 때, 나는 여기에 적어도 세 가지가 개입해 있다고 생각합니다.

첫 번째는 내가 앞서 아주 간단히 다루었던 내용인데, 바로 인과관계와 물질성, 그와 비슷한 문제를 다루는 철학적 미숙함입니다. 우리는 **최종** 기본 구조, 모든 것을 환원할 수 있는 그것을 찾으려는 끊임없는 유혹에 노출되어 있습니다. 온갖 생물학은 사실 화학이고, 온갖 화학은 사실 물리학이며, 온갖 물리학은 사실 수학이고, 온갖 수학은……여기서부터 상황이 다소 복잡해지기 시작합니다. 다만 핵심은 이것입니다. 환원하려는 열망—특정한 실제적 목적을 위해 극히 중요한—은 최소한의 장식, 우리가 제시할 수 있는 가장 근원적인 패턴이나 구조를 찾으려는 탐구이기는 하지만, 동시에 탤리스의 말대로 이것은 "겉모양을 완전히 사라지게 만든다. 진짜 남는 것은 무(nothing)다"라는 사실을 도외시합니다. 모든 것은 이런저런 방정식으로 환원될 수 있다고 말할 때, 사실 우리는 중요한 실체(substance)에 대해 아무것도 말하지 않습니다. 단지 수학적 과정이 존재하고, 그러한 과정이 없었다면 지금과 달랐을 것이라고 말할 뿐입니다. 하지만 복잡계 전체의 역량과 요소는 그 모든 부분보다 훨씬 크다는 사실에 대해 앞서 했던 말을 고려할 때, 환원주의는 체계적이고 보편적인 원리로서 지적 모순에 불과합니다. 일련의 물리적 현상에 대한 보다 체계적이면서 복합적인 서술 방식이 존재한다면, 물 위의 거품은 중요한 사안이 아닙니다. 중요한 것은 모든 상황, 물질세계의 모든 일련의 정황과 관련해서 여러분이 어디에 앉아

> 환원주의는 체계적이고 보편적인 원리로서 지적 모순에 불과하다.

있는지에 따라 적절한 설명이 다양하게 존재할 수 있음을 인정하는 것입니다.

바흐의 무반주 첼로 모음곡 연주가 일련의 물리적 작용이라는 점은 더할 나위 없는 사실입니다. 장선과 현이 어우러지면서 특정한 진동을 낳습니다. 진행되는 일에 대한 이런 설명의 유용성, 가령 폴 토르틀리에(Paul Tortelier)와 요요마(Yo-Yo Ma)의 서로 다른 바흐의 첼로 모음곡 해석을 판단할 때, 이런 설명의 유용

성은 제로입니다. 우리는 강력한 환원주의적 버전처럼 보이는 설명이 우리에게 아무것도 말해 주지 않는다는 점을 상기할 필요가 있습니다. 이것이 어느 복합적인 실재의 내재적 요소 가운데 하나라는 사실만 빼면 말이지요. 내가 거듭 주장했듯이, 이런 환원주의의 배후에는 대개 검증되지 않은 물질 이해가 자리 잡고 있습니다. (내가 대단히 존경하는 철학자) 대니얼 데닛(Daniel Dennett)은, 의식에 관한 모든 논의에서 우리는 오직 **물질**(stuff) 한 가지만 존재한다는 점을 염두에 두어야 한다고 말했습니다.[6] 그의 말이 대단히 매력적이기는 하지만, 나는 그가 의미하는 '물질'이라는 말에 대해 조금 더 생각해 보고 싶습니다. 당연히 세상은 물질로 가득하지 않기 때문입니다. 세상은 정보를 담은 에너지의 아주 복잡한 일련의 상호 작용입니다. 여러분이 이렇게 말하면서 '정보'라는 단어가 전문가들의 지적처럼 '유비적'(다시 말해, 놀라울 만큼 다양한 방식으로 여러 가지 다양한 차원에서 작용한다는 사실)임을 인정했다면, '물질 한 가지만 존재한다'는 말에 더는 특별히 흥미로울 게 없습니다. 우리가 거주하는 세계는 작고 단단한 사물이 서로 충돌하고 서로 밀쳐 내는 곳이 아닙니다. 이곳은 정보와 지시(흥미롭게도 우리는 이렇듯 노골적으로 지적 은유를 사용합니다)가 에너지의 물질적 교환을 통해 전달되는 세상이고, 또한 이런 에너지의 물질적 교환을 분석할수록 이것이 작은 물질 조각으로는 보이지 않습니다. 따라서 이런 식의 환원주의가 대중적 인기를 누리는 이유에 대한 나의 진단에서 첫 번째 추론은, 우리가 사용하는 언어에 철학적 엄밀성, 심지어 일관성이 심각하게 결여되어 있다는 것입니다.

내가 주장하는 두 번째 진단은 보다 공격적입니다. 루드비히 비트겐슈타인(Ludwig Wittgenstein)은 1930년대에 "편견을 무너뜨리는 것은 **매력적**이다"라고 말했습니다.[7] 다시 말해, 만일 누군가가 여러분에게 "사실 x는 **오직** y일 뿐이다"고 말할 때 이런 말은 참으로 매력적입니다. 만일 여러분이 누군가에게 "**정말** 일어나고 있는 일은 바로 이것이므로 당신은 실재의 특정한 측면에 대해 신경 쓸 필요가 없다"고 말할 수 있다면, 여러분은 대단히 강력하고 인상적이며 매혹적인 진술을 주장한 것이며, '만물의 실상'을 알고 있는 이들의 내부 그룹에 누군가를 편입시킨 것입니다. 우리는 모두 이것이 얼마나 큰 호소력을 가지고 있는지 알고 있습니다. 우리가 그저 화학 거품일 뿐이라는 말을 들을 때, 우리는 역설적으로 내부자가 되는 흥분을 맛봅니다. 우리는 자신이 화학 거품임을 **알고 있는** 화학 거품입니다. 이런 위치에 있다는 것은 강력하고 매력적이며 멋진 일입니다. 여기에는 권력 문제가 개입되는데, 이 문제는 내가 믿기에 충분히 다루지 못한 이 전체 질문의 또 다른 측면 가운데 하나입니다. 의식이 기계 혹은 착각이라고 추정하는 것, 관점 따위는 존재하지 않는다고 말하는 것이 과학 교과서 안에서는 유쾌한 상상일 수 있습니다. 하지만 그것이 현실 속 다른 사람과 그의 관점이라는 현실에 적용될 때에는 상황이 다릅니다. 인간의 다양성에 관한 모종의 정당하고 윤리적인 진실성을 여기에서 추론해 내기란 상당히 어렵습니다. 나는 조금 전 환원주의는 우리가 실제로 인식한 것의 특정 차원이나 측면을 무시해도 좋다는 허용이라고 말했습니다. 이제 나는 타당한 설명의 일부 측면을 무시하도록 허용하는 모든 지적 전략은 철학적으로 기이할 뿐만 아니라 도덕적으로 대단히 위험하다고 말하겠습니다. 그러나 환원주의의 매력은 여전합니다. 그것은 정말 알고 있다는 사람들의 내부 그룹에 낄 수 있는 입장표가 되기 때문입니다.

나의 마지막 세 번째 진단은 논의를 마무리하는 몇 가지 비과학적이고 모호한 신학적 성찰로 이어집니다. 더 깊이 추론해 볼 때, 내가 의심하는 바가 있습니다. 즉 내가 연구해 온 의식 모델과 자유 모델 혹은 개인의 정체성 모델에 대해 특정한 과학자와 철학자가 갖는 반감에는, 내가 의식과 관련해서 본질적으로 신성함에 관한 문제를 테이블 위에 남겨 두는 것에 대한 거리낌이 어렴풋이 반영되어 있다는 것입니다. 의식은 자리 잡고 있는 동시에 관계적이고, 수용적인 동시에 창조적이고 내러티브적이며, 말하는 동시에 말해지는 것, 보는 동시에 보여지는 것과 관련이 있고, 상징을 만들어 낸다는 입장은, 종교인 전체가 당연시하는 우주 모델―즉 지성과 지능에 전능성을 부여하고, '폐물'(dead matter) 따위는 전혀 존재하지 않으며, 대화에 참여하라는 초대와 요청이 항상 존재하는 모델―과 만족스럽지는 않더라도 최소한 조화로운 동반 관계에 있습니다. 신학자들이 보기에 이것은 창조세계 자체의 본질과 밀접한 관련이 있고, 우주 속에 유한한 일련의 체계로 존재하는 모든 것이 지금과 같은 이유는, 모든 것이 근본적 지능이나 정보의 소통(communication)―실은 '친교'(communion)―에 대한 응답이기 때문이라는 생각과 밀접한 관련이 있습니다. 수용성과 협력, 한계 혹은 불완전에 관한 감각, 상징과 상징의 투명성은 인간의 담론에 자연스럽게 자리 잡고 있는데, 이를 일반적으로 '신성함'이라고 부를 수 있습니다. 개인적으로, 창조 교리의 맥락에서 이를 하나님이라고 부른다면 더 좋겠지만 말입니다. 창조교리는 하나님이 그분의 생명을 나누는 것을 그분의 뜻이나 목적, 그분의 성품으로 여긴다는 점에서 이해할 수 있으니까요.

　이것을 더 상세히 설명하려면 당연히 창조 교리 고찰로 곧장 이어져야겠지만, 그것은 이번 장의 일차적 목적이 아닙니다. 다만 물리학과 철학과 심리학이 뒤섞이는 이 엄청나게 복잡하고 매혹적이고 실망스러운 경계선에 대해 지금까지 내가 한 말이, 20세기 혹은 그 이전부터 많은 사상가들이 말하려고 했던 내용을 어느 정도 납득시킬 수 있기를 바랍니다. 그것은 바로 신성함에 대한 감각의 상실, 곧 우리의 한계 밖에서 온 지성의 선물에 응답할 수 있다는 의식의 상실은, 결국 그야말로 하나님 상실보다 더 많은 것을 동반한다는 점입니다. 그것은 고유한 인간다움의 상실을 동반하는 것일 수도 있습니다. 우리 시대에 한 가지 중요한 지적 도전이 있다면, 그것은 우리가 인간다움에 대한 인식을 상실할 위험에 처해 있다는 생각이 만연해 있다는 점입니다.

> 우리 시대에 한 가지 중요한 지적 도전이 있다면, 그것은 우리가 인간다움에 대한 인식을 상실할 위험에 처해 있다는 생각이 만연해 있다는 점이다.

　인간다움에 대한 인식을 회복하기 위해 신학으로 시선을 돌려야 한다는 데 여러분이 동의하든 안 하든, 나는 마땅히 그래야 한다고 전제하지 않습니다. 나는 인상적이고 세련된 환원주의 비판자들이 존재한다는 점에 주목합니다. 여기에는 레이먼드 탤리스와 존 그레이(John Gray)가 포함되는데, 존 그레이는 자신의 책 『꼭두각시의 영혼』(The Soul of the Marionette)[8]에서 이와 관련된 몇 가지 질문을 제기합니다. 존 그레이는 환원주의에 대한 반론에서 유신론에 대한 공감으로 옮아가지 않습니다. 하지만 테이블 위에 질문이 남아 있다는 점은 명백합니다. 인간다움의 상실, 일부 사람들이 '트랜스휴먼'(transhuman)이라고 서술하는 철학,

우리가 인간 이상의 존재가 될 수 있다는 사상, 우리의 유기체적 정체성은 다양한 종류의 사이버 테크놀로지를 통해 대체될 수 있다는 사상, 이 모든 것으로 인해 우리는 인간의 고유성에 대한 우리 인식의 기준점을 정하면서, 우리 자신의 의식 속에 확신의 기준점을 정하면서, 우리가 정확히 어디를 주시할지에 관해 우려하지 않을 수 없습니다. 이로써 내가 이번 장 제목에서 제기한 질문에 충분히 대답했다고 스스로 속일 수는 없을 것 같습니다. 다만 이런 진술을 통해, 이 질문이 하나의 문화 현상으로 우리에게 엄청나게 중요한 이유, 또 이 질문에 대해 제시된 얼핏 단순해 보이는 통속적 대답이 논리적으로, 심리학적으로, 심지어 과학적으로 효과적이지 않은 이유를 예시할 수 있었기를 바랍니다.

2

인격이란 무엇인가

1955년 파리에서 살고 있던 한 러시아 신학자가 '인격에 관한 신학의 개념'(The Theological Notion of the Human Person)이라는 제목의 짧은 에세이를 출간했습니다. 이 에세이는 주로 초기 그리스도교 어휘에 초점을 맞춘 고도로 전문적인 연구였지만, 사실 현대 신학 사상의 분수령에 버금가는 것이었습니다. 비교적 짧은 이 1955년의 논의로부터 동구 그리스도교 세계 안에서 하나의 사상적 흐름이 발전되었고, 다시 서구 그리스도교 세계에 영향을 끼쳤습니다. 이 에세이의 강조점과 관심사는 이미 20세기 서구 그리스도교에서 탐구되고 있던 아주 심오한 몇몇 주제와 일치했습니다. 그런데 1960년대 말에 이르러, 다양한 전통의 그리스도교 세계를 관통하여 등장하던 이른바 '인격주의' 신학 형식—특별한 방식의 관계 분석과 깊이 관련된 신학의 한 형식—을 추적할 수 있게 되었습니다.

문제의 신학자는 바로 블라디미르 로스키(Vladimir Lossky)

입니다. 1920년대 초 러시아에서 추방당한 그는 1950년대에 요절하여 비교적 적은 연구 결과물을 남겼는데, 한 가지 연구 결과물만큼은 앞에서 말했듯이 그 부피에 비길 수 없을 만큼 중요했습니다. 이 특별한 에세이에서 그가 제안하는 본질적 결론은 이렇습니다. 그의 말에 따르면, 우리 그리스도인들은 따로 떼어 놓는 것이 절대적으로 중요한 두 가지를 구별하는 하나의 적합한 어휘를 아직 갖고 있지 못합니다. 그 두 가지란, 먼저 **어떤 종류의 한 가지 독특한 사례**이고, 두 번째로 그것의 **특성**입니다. 특성이란, 그게 무엇이든 어떤 식별 요소를 **그 본질로 환원되지 않도록** 합니다. 우선 이것에 대해 잠시 생각해 보겠습니다.

'어떤 종류의 한 가지 독특한 사례'란, 다른 사물과 나란히 놓을 때 특수한 특징에 의해 구별되는 사물입니다. 세상에는 수많은 개가 있고, 그들은 모두 개의 특징을 공유하고, 그중에 하나만 메리이고, 그중에 하나는 해피이고, 이런 식이지요. 그 자체로는 단지 이런 종류의 수많은 본보기가 있음을 여러분에게 말해 줄 뿐입니다. 하지만 우리의 인격에 대해 생각할 때, 특수한 특징에 초점을 맞추면 제 소임을 다하지 못합니다.

무엇이 우리를 인격으로 만드는가

의식하는 주체인 우리에게는 단지 어떤 종류의 한 본보기가 되는 것으로 축소되지 않는 어떤 요소가 있습니다. 그렇다고 해서 우리를 다른 것이 아닌 인격으로 만들어 주는 어떤 구체적인 **요소**—지성이든 자유든 그 무엇이든—를 여러분이 찾아내야 한다는 의미는 아닙니다. 오히려 이것은 '인격'에 대해 이야기할 때, 우리가—단순히 우리와 관련해서 일어난 사실을 열거함으로써 명시되지 않고 규정되지 않는—전체로서 우리와 관련된 어떤 것을 이야기한다는 주장에 더 가깝습니다. 로스키는 정말 이러한 과업을 수행할 개념이 아예 존재하지 않는다고 말합니다. 우리는 단어조차 가지고 있지 않습니다. 인격과 비인격을 구별할 때 우리는 그게 어떤 의미인지 알고, 또 관계 속의 인격에 대해 이야기할 때 우리는 그게 어떤 의미인지 어렴풋이 알고 있습니다. 하지만 우리는 우리의 본성, 우리와 관련해서 일어난 사실로 축소되지 않아야 한다는 이 개념을 단번에 이해하는 데 어려움을 겪습니다. 그리고 로스키의 말에 따르면, 우리가 하나님에 대해 이야기하려고 할 때와 마찬가지로, 일종의 여백과 신비, 우리가 실제로 3인칭 서술 용어로 처리할 수 없는 요소가 우리에게 남습니다. 에세이 막바지를 향해 가면서 그는 이렇게 말합니다.

이런 상황 속에서 우리가 인격 개념을 형성하는 것은 불가능할 것이고, 우리는 다음의 말로 스스로 만족해야 할 것이다. 즉 '인격'이란 사람이 그의 본성으로 환원될 수 없음을 의미한다. 즉 '환원 불가능'이지, '환원 불가능한 어떤 요소'나 '사람을 그의 본성으로 환원되지 않게 만드는 어떤 요소'가 아니다. 그것은 바로 여기서 문제가 되는 것이 '또 다른 본성'과 구별되는 '어떤 요소'가 아니라, 자신의 고유한 본성과 구별되는 어떤 사람, 자신의 본성을 넘어서면서 여전히 그것을 간직한 어떤 사람, 이렇듯 본성을 넘어섬으로써 인간의 본성으로 존재하는 어떤 사람이기 때문이다.[1]

3인칭 범주, 곧 팔 닿는 거리에서의 묘사는 효과적이지 않습니다. 무언가 더 많은 말이 필요합니다. 우리는 보편적 인간성을 규정하는 데 사용할 수 있는 일단의 사실들을 넘어섬으로써 우리 자신을 인간으로 확립합니다. 심지어 동일한 종류의 또 하나의 본보기와 우리를 구별해 주는 사실들, 메리와 해피를 구별해 주는 사실들조차 넘어섭니다. 나를 한 인격으로 만들어 주는 것, 그리고 나를 다른 인격이 아닌 이 인격으로 만들어 주는 것은 그저 일련의 사

> 나를 한 인격으로 만들어 주는 것, 그리고 나를 다른 인격이 아닌 **이** 인격으로 만들어 주는 것은 그저 일련의 사실들이 아니다.

실들이 아닙니다. 오히려 나를 한 인격으로 만들어 주는 것은, 내가 다른 곳이 아니라 여기에 있고, 내 주변의 다른 관계가 아니라 이 관계 속에 있고, 이 부모의 자녀이고, 이 자녀들의 부모이고, x의 친구이고, y의 별로 친하지 않은 친구라는 어마어마한 사실입니다. 나는 관계의 그물망 중앙에, 선들이 교차하는 지점에 서 있습니다. '나는 내게 일어난 모든 일의 총합'이라는 말도 사실일 수 있겠지만, 그렇게 **말하자마자** 나는 내게 해당하는 일의 총합을 바꾸어 놓습니다. 나는 본질적 사실에 차이를 낳습니다. 내가 관여하고 있는 관계 때문에, 그리고 그 관계의 빛 안에서 나는 그렇게 합니다. 그리고 말하고 행동하고 응답함으로써 나는 새로운 사실을 창조합니다. 하지만 그 중앙에는 저 불가사의하고 신비로운 영역이 있습니다. 바로 단순히 어떤 것이 아니고, 단순히 기능이 아니고, 단순히 나에 관한 사실이 아닌 어떤 요소, 신비로운 어떤 요소, 3인칭 분석으로는 열리지 않는 어떤 요소입니다.

따라서 한 인격으로서 나는 내게 일어난 모든 일―사실상 나와 관련된 진실들―을 구현하고, 함께 동반합니다. 하지만 순간순간 나는 저 의제에 다양한 방식으로 반응하고, 거기 존재하는 것을 다양한 방식으로 활성화시켜, 새로운 연관성과 관계의 사슬을 형성합니다. 다시 말해, 인격이란 관계가 교차하고 차이가 만들어지며 새로운 관계가 창조되는 지점입니다. 이러한 사실로 인해 그리스도인은 누구든 모든 개인을 바라보면서 동일한 신비가 그들 모두에게 작용하고, 따라서 동일한 존중이나 관심이 그들 모두에게 마땅히 주어져야 한다고 말할 수 있습니다. 가령 우리는 이러저러한 사람이 하나의 인격으로서 필요한 일련의 특징을 충분히 갖추었으므로 마땅히 우리의 존중을 받아야 한다고 말하거나, 혹은 이러저러한 다른 개인은 그런 특징을 충분히 갖추지 못했으므로 마땅히 우리의 존중을 받을 수 없다고 결코 말할 수 없습니다.

　물론 이런 이유로 인해 그리스도인들은─역사 속에서 또한 현재에도─일련의 조건을 충족하지 못했지만 여전히 존중할 가치가 있다고 믿는 사람들에 대해 걱정합니다. 즉 아직 태어나지 않은 이들, 심각한 장애를 입은 이들, 죽어가는 이들, 여러 방법으로 주변부로 밀려나 잊혀진 이들 말입니다. 결국 그리스도인들은 그들 모두에게 마땅히 주목해야 한다고 결론을 내립니다. 이 말의 의미는 이렇습니다. 구체적인 상황 속에서 계속 논의할 부분이 있겠지만, 이것은 타협할 수 없는 우리의 출발점입니다. 그 저변에 있는 논지는 아주 단순합니다. 이를테면 한 개인을 한 장의 검사 보고서로 표현하거나, 혹은 어떤 사람이 특정 점수 이상을 얻을 때에만 우리의 관심이나 존중을 그에게 보상으로 지급할 수 없습니다. 몸을 지닌 유기체로 실재하는 인류의 모든 구성원은 마땅히 그런 존중을 받아야 합니다. 그들이 얼마나 많은 조건들을 만족시키든 상관없습니다.

이것을 또 다른 방식으로 표현할 수 있습니다. 우리가 사람들이나 개인에게 **인격적** 존엄이나 가치를 부여하는 이유는, 우리모두가 관계를 맺는 가운데 다른 사람의 실존 안에서 현존하거나 의미를 갖는다고 인식하기 때문입니다. 우리는 다른 사람의 삶 속에서 살고 있습니다. 우리가 관계의 선들이 교차하는 지점에 있다는 것은, 그 모든 것으로부터 소위 '인격'이라는 추상적 요소를 끌어낼 수 없다는 것을 뜻합니다. 우리는 지금 사람들이 타자의 경험과 열망, 자아의식 속으로 들어가는 현실에 대해 이야기하고 있습니다. 그리고 이렇듯 다른 사람의 삶속에서 살아가는—다른 사람의 삶 속에서 삶을 영위하는—능력은 인격이라는 실재에 관한 이 심오한 신비가 지닌 함의의 일부입니다. 이 점을 부인해 보십시오. 그러면 누구를 인간으로 간주할지 누군가가 결정하는 대단히 불만족스러운 모델이 여러분에게 돌아올 것입니다.

20-30여 년 전, 우리가 다른 행성에서 혹은 어떤 사이보그 미래에 어떤 존재를 인간으로 인식할 수 있을지에 관한 질문이 공상과학 작품에서 종종 제기되던 시기가 있었습니다. 우리는 어

> 우리 모두는 다른 사람의 실존 안에서 현존하거나 의미를 갖는다.

떻게 다른 존재에게 인격의 지위를 부여할 수 있을까요? 우리가 그 존재와 대화를 나눈다고 어떻게 상상할 수 있을까요? 이것은 일종의 사고 실험으로 던져 볼 만한 좋은 질문입니다. 하지만 앞에서 말한 '조건 충족' 곧 그 존재가 이런저런 특징을 가지고 있는지에 의거해 대답하려고 하는 즉시, 여러분은 핵심을 놓치고 맙니다. 여러분은 실제로 관계를 형성하려고 노력하고, 대화를 나누려고 노력하고, 여러분이 그 다른 존재와 관계할 때 어떤 종류의 교환이 발생했는지 보려고 노력하는 꽤 긴 과정을 통해서만, 그들을 한 인격으로 대할 수 있을지 여부를 발견할 것입니다. 이때 간편하게 적용할 수 있는 방법이나 원칙들이 있습니다. 일반적으로, 누군가를 한 인격으로 대할지 혹은 어떻게 대할지 결정할 때 도움을 주는 것은 십중팔구 언어와 관련이 있습니다. 물론 언어란 우리가 사용하는 말뿐 아니라 몸짓, 눈꺼풀의 깜박임, 손의 움직임도 의미합니다. 하지만 이런 식의 결정도 효과적이지는 않습니다. 결국 우리가 말할 수 있는 가장 중요한 사실은, 우리가 시간을 들여 관계를 형성할 수 있는지 파악할 때에만 어떤 의미를 발견할 수 있다는 점입니다.

여기 또 다른 신학적 철학자이자 이 주제에 관해 저술한 로마 가톨릭 교인이 있는데, 바로 독일의 가톨릭 철학자 로베르트 슈페만(Robert Spaemann)입니다.

모든 유기체는 자연스럽게 그 자체의 환경과 소통하는 체계를 발전시킨다. 모든 피조물은 자신의 고유한 세계의 중심에 서 있다. 세계는 오로지 우리에게 무언가 할 수 있는 것으로만 스스로를 드러내고, 모든 것은 우리가 받아들이는 관심사에 비추어 의미를 갖는다. 타자를 타자로 보는 것, 나 자신을 그와 대비되는 너(thou)로 보는 것, 나 자신이 다른 중심 존재의 환경을 구성하고 있음을 깨닫고 이로써 나의 세계의 중심으로부터 나오는 것은, 실체 너머의 영역을 열어 주는 특별한 입장이다. 데카르트의 주장처럼, 우리는 우리의 유한하고 제한된 본성으로부터 이끌어 낼 수 없는 절대 개념, 무한 개념을 우리 자신 안에서 발견한다.[2]

우리는 관계 속 인간으로서, 우리의 환경이 다른 인격과 맺은 관계에 의해 창조되고, 그들을 위해 환경을 창조한다는 점을 인식하며, 그러한 교환 곧 상호성 속에서 '인격'의 의미를 발견합니다. 이것이 이번 장에서 내가 조금 더 깊이 성찰하고 싶은 내용의 핵심입니다. 즉 우리가 '인격'이라고 부르는 이 신비롭고 관계적이며 대화적인 환경 조성 활동과, 단순히 특정한 종류의 한 본보기에 불과한 개인 사이의 구분입니다.

개인인가, 인격인가

현대 논쟁에서 우리는 개인주의와 사회주의, 개인과 공동체의 선
택에 직면해 있음을 아주 빈번하게 깨닫습니다. 나는 이 선택이
애당초 올바른 양극단이 전혀 아니라고 주장합니다. 우리의 출발
점은 개인과 공동체가 아니라, 개인과 인격입니다. 즉 세상 속 행
위자로서, 화자로서, 현존으로서 우리가 어떤 존재인지 상상하고
이해하는 두 가지 방식의 차이지요. 우리는 자아 인식 속에 '개인'
의 느낌, 곧 기본적으로 우리가 바로 세계의 중심 혹은 특정 종류
의 한 본보기라는 느낌을 심어 놓을 수 있습니다. 또한 우리는 위
험을 감수하고 자신에 대한 두 번째 이야기 곧 '인격'에 대해 논의
할 수 있습니다. 인격에 대한 개념은 개인과 비교하여 훨씬 모호
하고 포착하기 어렵지만, 실제로 우리가 인간으로서 대부분의 시
간에 하는 행동과 말을 표현하기에는 훨씬 더 적절합니다. 나중에
다시 이 주제로 돌아오겠습니다.

   이 모든 것의 배후에는, 로스키가 자신의 에세이에서 강조하
고 또 그리스도교 사상에서 아주 멀리—적어도 5세기 초반의 성 아
우구스티누스(St Augustinus)까지—거슬러 올라가는 아주 기본적
인 한 가지 신학적 가정이 놓여 있습니다. 그 가정이란, 어떤 사물
이나 어떤 사람이 다른 것이나 다른 사람과의 관계 속에 있기 전

에 **하나님**과의 관계 속에 있다는 것이지요. 그리고 아우구스티누스의 말처럼, 나 자신 곧 내가 누구이고 무엇인지 이해하려고 더 깊이 파고들수록, 나는 **이미** 파악되고, 호명되며, 관여되어 있음을 더 깊이 깨닫습니다. 내 자신 속을 아무리 깊이 파고든다 하더라도, 관계로부터 완전히 분리된 추상적 자아를 발견할 수 없습니다. 그래서 아우구스티누스와 그리스도교 전통에서 볼 때, 어떤 일이 일어나기 전에 나는 비세상적이고 비역사적인 영원한 관심과 사랑, 다시 말해 하나님과의 관계 속에 있습니다.

> 어떤 일이 일어나기 전에 나는 비세상적이고 비역사적인 영원한 관심과 사랑, 다시 말해 하나님과의 관계 속에 있다.

그런데 만일 이 말이 우리에게 적용된다면, 다시 말해 우리를 만들었고 우리의 존재를 지탱하는 그 능력과 맺은 관계가 우리의 첫 관계라면, 당연히 주위를 둘러볼 때 나의 이웃 역시 언제나 나와의 관계 속에 있기 전에 이미 하나님과의 관계 속에 있다고 말할 수 있습니다. 이 말은 내 이웃과의 관계를 내 마음대로 이끌어 가기에는 아주 중대한 한계가 있다는 뜻입니다. 단도직입적으로 말해서, 그들은 내게 속하지 않고, 그들과 나의 관계가 그들에게 해당되는 관계의 전부도 아니며, 심지어 그들이 가장 중요하게 여기는 부분도 아니기 때문입니다. 어떤 의미에서 이런 현실은 세상 모든 것에 해당됩니다. 이는 그리스도인이 주위 환경에 관심을 가져야 하는 타당한 근거이기도 합니다. 그런데 사실 이런 현실은 아주 엄밀한 의미에서 다른 사람에게도 해당됩니다. 내가 그들을 보듯 그들도 나를 보고, 내가 그들과 관계하고 그들에게 영향을 미치듯 그들도 나와 관계하고 내게 영향을 미칩니다. 나는 홀로 존재하지 않고, 이 작은 원자가 여기서 저 바깥의 다른 모든 작은 원자를 통제하고 정리하고 지휘하는 것이 나와 세상의 관계의 기본적인 형태인 척 위장할 수 없습니다. 나는 보여지고, 나는 관여됩니다. 심지어 사람이 관여하고 보기도 전에 이렇듯 하나님과 맺은 관계가 만물의 뿌리에 있습니다.

이것은 우리의 삶을 특수한 사람으로 보는 개인주의적 관점과 우리의 삶을 하나의 사회로 보는 인격주의적 관점의 가장 근본적인 차이점 가운데 하나입니다. 인간의 존엄성, 우리가 서로를 존중해야 한다는 절대적 요구는, 타인이 이미 나 외에 다른 존재와 관계하고 있다는 굳은 확신에 근거해 있습니다. 이 확신이 없을 때 우리는 심각한 윤리적 난관에 봉착합니다. 그런 이유로, 내가 앞서 인용한 책에서 슈페만이 말하듯, 인간의 존엄성에 관한 생각과 신성함에 관한 생각 사이에 연관성이 있다고 말하려는 사람들이 있습니다. 단지 이런저런 종교가 '신성함'에 대해 이야기하는 구체적인 방식에서만이 아니라, 극도로 존중을 요하는 어떤 것, 내가 단순히 다른 사물처럼 통제하거나 소유하거나 다룰 수 없는 어떤 것이 타자 안에 있다는 의미에서 말입니다. 그리스도인에게, 또한 가장 종교적인 신자에게, 이것은 타자 곧 다른 사람이 이미 **관계 속에 있다는**—다시 말해, 내 능력과 내 통제 밖에 있다는—사상에 확고히 근거해 있습니다.

　내 생각에 우리는 이러한 관점을 조금 더 발전시켜 이렇게 말할 수 있겠습니다. 즉 우리가 인간의 존엄성을 주장할 때, 우리가 존중받을 권리를 주장할 때—우리가 사실 '인권'을 주장할 때—우리는 그저 절대적 요구를 주장하는 어떤 요소가 우리 안 어디엔가 있다고 주장하는 게 아닙니다. 우리는 타자와의 관계 속에 있는 한 적절한 **장소**를 인정하려고 애쓰고 있습니다. 우리는 우리가 관계 속에 깊이 뿌리내려 있음을 인정하려고 애쓰고 있습니다. 나는 존재하고, 나는 가치를 지닙니다. 그것은 사랑—이상적으로 말해서, 우리가 인간적으로 또한 사회적으로 경험하는 사랑, 하지만 그 너머와 배후에서의 절대적인 하나님의 사랑—이 항상 나를 지켜보고 있고 나에게 관여하고 있기 때문입니다. 이런 관점에서, 타인의 인권 혹은 존엄성을 위한 봉사는 그야말로 창조주께서 피조물에게 주시

나는 존재하고, 나는 가치를 지니는데, 그것은 사랑이 항상 나를 지켜보고 있고 나에게 관여하고 있기 때문이다.

61

는 영원한 사랑과 관심, 존중의 태도를 **되비추려는** 몸부림입니다.

다른 사람이 우리를 존중하도록 명령하는 어떤 실체가 우리 안에 있다고 이야기하는 인권 언어는 대단히 건조하고 추상적인 것이 될 수 있습니다. 반면에 타당한 상호 관심의 추구와 보편적 존엄성의 존중을 이야기하는 인권 언어는 조금 더 많은 힘을 갖고 있고, 내 생각에 조금 더 깊이가 있습니다. 하지만 슈페만이 앞서 인용한 자신의 에세이에서 시사하듯, 개인―어떤 종류의 하나이자 자기 우주의 중심―의 영역 밖으로 나오는 것, 그 밖으로 나와 주위 환경에 적극적이고 창조적으로 응답하는 것, 우리의 환경을 형성하고 바꾸는 것, 타인을 위한 환경이 **되고** 그들이 창조하는 환경이 **되는** 것, '우리의 본성을 넘어서는' 것, 이 모든 것에는 당연히 믿음의 행동이 필요합니다. **한 인격으로** 살아가는 것은 믿음의 문제입니다. 즉 이러한 모든 방면으로 뻗어 나가는 것입니다.

우리 각자가 사실상 원자라고, 즉 자기 자신에게 하나의 세계라고 믿고 행동하는 것이 여러 모로 훨씬 쉽습니다. 아무튼 이것이 아주 전형적인 근대적 자아 인식이기 때문에, 요즘 '자기 확신'에 대해 말할 때 우리는 흔히 우리 **안**에 있는 어떤 요소에 의존하는 것에 대해 이야기하지, 관여하고, 모험을 감행하고, 넉넉한 확신을 갖고 관점과 진리와 통찰을 **교환**하고, 특별한 종류의 대화나 논의 가운데로 나아가는 용기를 갖는 것에 대해서는 이야기하지 않습니다. 여기서 또 다른 영향력 있는 저자에게 시선을 돌리면, 이번에는 신학자가 아니라 사회학자이자 런던정경대학교 교수인 리처드 세넷(Richard Sennett)입니다. 그의 저서 『투게더』(Together)는 여러 주제를 다루는데, 그중 앞의 문제에 대해 언급하면서 러시아 철학자 미하일 바흐친(Mikhail Bakhtin)을 인용합니다. "대화는 자신의 경험에 대한 인간의 믿음을 인정한다. 창조적인 이해를 위해서 인간은 자신의 이해 대상 외부에 자리를 잡는 것이 대단히 중요하다."[3]

　　우리는 어느 한쪽이 일방적으로 받아들이고 받아들여지려고 노력하는 대신, 서로 관여하려고 애씁니다. 우리는 관계를 형성하려고 애씁니다. 그런데 이것은 자기 확신과 용기가 필요한 모험입니다. 우리 안에 단단한 것이 있다고 확신한다는 의미에서가 아니라, 우리를 붙들고 우리에게 관여하고 우리를 성취시키는 어떤 존재와 우리가 이미 관계되어 있다고 확신한다는 점에서 말입니다. 이러한 확신이 없다면, 우리는 리처드 세넷이 다른 곳에서 말한 타자로부터의 소외, 개인주의적 퇴행(individualized withdrawal)에서 끝나고 말 것입니다. 그의 말에 따르면, 개인주의적 퇴행은 "안주하기 위한 완벽한 방안처럼 보인다. 여러분은 자신과 비슷한 사람들을 당연하게 받아들이고, 자신과 비슷하지 않은 이들에게는 관심을 갖지 않는다. 더 나아가, 그들의 문제가 무엇이든 그것은 그저 그들의 문제일 뿐이다. 개인주의와 무관심은 쌍둥이다." 그리고 그는 탁월한 19세기 프랑스 저자 알렉시 드 토크빌(Alexis de Tocqueville)을 인용하는데, 토크빌은 1840년에 발간된 『미국의 민주주의』(*Democracy in America*) 제2권에서 이렇게 썼습니다. "자기 자신 안으로 퇴행한 모든 사람은, 마치 자신이 다른 모든 사람의 운명에 대해 나그네인 것처럼 행동한다."[4]

또한 토크빌과 세넷이 볼 때, 이것은 인격주의적 접근 방법의 반대편에 있습니다. 우리가 **개인주의적** 관점에서 출발한다면, 다시 말해 우리 모두가 자기 자신에게 하나의 세계라고, 다른 모든 것으로부터 독립된 우리의 본질을 지탱해 주는 단단한 핵심이 우리 안에 있다고 가정한다면, 우리는 다른 사람의 운명으로부터 소외되고 말 것입니다. 우리가 언제나 관계의 네트워크 한가운데 있다는 가정으로부터 출발한다면, 우리는 누구의 운명이나 누구의 실재가 우리에게 영향을 미치거나 미치지 않을지 결코 알지 못합니다. 이곳

> 우리 모두가 자기 자신에게 하나의 세계라고 가정한다면, 우리는 다른 사람의 운명으로부터 소외되고 말 것이다.

은 위험이 뒤따르는 장소이고, 세넷의 말처럼, 사실 퇴행하는 게 훨씬 단순해 보일 수 있습니다.

세넷의 분석 결과 중 하나는 이것입니다. 그는 상당히 추상적

인 이 개념을 오늘 우리 세계의 여러 특징에 적용하면서, 우리가 점점 더 '비협력적인 자아'의 진화를 목격하고 있다고 주장합니다. 즉 이렇듯 고립된 내면의 핵심이 우선하고, 그 뒤 타인과 맺은 관계 주변을 둘러 항해하지만 항상 내부로 급히 돌아오는 자유를 소유한다고 가정하는 자아입니다. 그의 말에 따르면, 수백 년간 노동과 생산과 산업이 어떻게 작동했는지 보면, 우리가 서로에게 속해 있고 서로를 책임진다는 인식으로부터 벗어나 점진적으로 이 비협력적 자아로 향해 왔다는 것을 알 수 있습니다. 이 책의 목적, 그리고 실은 세넷의 다른 저작들의 목적 중 하나는, 정확히 무엇이 잘못되었는지 그리고 정확히 어떻게 우리가 당면한 문제를 해소하거나 재고할 수 있는지 질문을 던지는 것입니다.

세넷이 언뜻 주목하고 다른 철학자와 저자들이 더 자세히 관찰했던 한 가지 측면은 다음과 같습니다. 만일 여러분이 계속 기본적인 개인주의 모델, 곧 견고한 핵심이 있어서 모든 것이 거기에 스스로 동화되어야 한다는 모델을 당연시한다면, 여러분이 세상에 대해 취할 수 있는 최선의 관계는 끊임없이 **통제**(control)를 기대하는 쪽으로 기웁니다. 여러분이 있을 최선의 장소는 여러분이 절대 놀라지 않을 곳입니다. 우리는 낯선 것을 통제하기 원하고, 우리의 직접적 영향력 아래 들어오지 않는 것을 통제하기 원합니다. 우리는 자신이 넘어설 수 없는 한계에 불편함을 느낍니다. 어떤 형태든 한계는, 우리가 어디에 있든, 또 우리가 얼마나 힘써 노력하든, 이내 낯설고 난감하게 할 무언가가 존재하고 있음을 상기시키기 때문입니다. 우리는 한계를 대하는 공동의 불안감에서, 환경에 대한 착취에서, 한없이 상승하는 번영에 대한 우리의 기대에서 그러한 경향을 확인할 수 있습니다.

이것은 개인주의적 생활 방식에서, 또한 완벽한 몸과 완벽한 결혼, 완벽한 가정, 완벽한 직업에 대한 열망에서 나타날 수 있습니다. 현대 심리상담사 페트리셔 고슬링(Patricia Gosling)은 최근 저서에서 이 문제에 대해 이렇게 서술합니다.

우리는 완벽한 몸, 완벽한 가정, 완벽한 생활 방식에 대한 현재의 강박 속에서 [이런 완벽과 완벽 가능성 개념을] 본다. 우리는 통제 상황을 벗어나 증가하는 개인의 부채에서, 거식증에서, "우리는 무엇이든 자기가 되고 싶은 것이 될 수 있다"는 게슈탈트 이론(Gestalt Theory)의 슬로건에서 이것을 본다. 그러나 이것은 사실이 아니다. 또한 이러한 현실 부정 속에는 우리의 생물학적 뿌리에 대한 부정이 놓여 있다. 그렇다. 우리는 모두 계발되지 않은 잠재력을 갖고 있다. 하지만 우리는 모두 선천적이고 환경적인 한계를 갖고 있다는 것도 사실이다. 만족스러운 삶을 살아가는 기술은 이 둘 사이의 전이 공간을 활용하는 데 있다.[5]

분석과 치유 세계의 다른 많은 저자들과 마찬가지로, 고슬링이 강조하고자 하는 것이 있습니다. 즉 우리가 환경을 대하는 이상적 관계가 통제이고, 그것은 우리가 잃을 것, 두려워할 것, 얻을 것이 아무것도 없는 완벽한 정적 상태를 향해 움직이는 것이라고 가정할 때, 우리에게 부딪치는 문제점입니다. 이 모든 것의 배후에는 시간 경과 자체에 대한 조급함이 있는데, 이것은 발전된 근대 세계에서 당연히 삶의 요소 가운데 하나가 되었을 것입니다. 내가 규정해 온 방식에 따르면, 인격이라는 실재는 **시간** 속에서, 또한 **몸** 속에서 자신을 드러내고 자신을 천명합니다. 개인주의적 인식은 시간과 몸 둘 다를 원망하고, 미완성을 원망하며, 한계를 원망합니다.

다시, 인격을 말한다

이렇듯 우리는 개인주의적 가정이 우세해 보이는 문화와 노동 환경 속에 있습니다. 즉 통제에 관한 가정, 갈등을 피할 수 없다는 가정, 우리가 후퇴하여 문을 닫아 버릴 수 있는 사적 영역이 항상 있다는 가정입니다. 이는 내가 출발했던 인격주의 모델과 이 모든 것이 역행하는 문화입니다. 하지만 세넷은 책 막바지에 이르러 아주 중요한 지적을 합니다. "협력은 봉인된 물건처럼 한번 손상

되고 나면 회복 불가능한 게 아니다. 우리가 보았듯이, 협력의 근원은—유전학과 더불어 초기 인간 발달에서—오래 지속되고 회복이 가능하다."[6] 우리가 비협력적 환경에서 살고 있더라도, 우리가 비협력적 자아를 발전시켰다 하더라도, 장(場)은 사라지지 않습니다. 재탈환할 수 있는 것이 있습니다. 하지만 그것은 우리를 이렇게 울타리 속으로 몰아넣은 인간이라는 존재가 무엇인가 하는 가정에 대한 치밀하고 체계적인 도전—(넓은 의미에서) 우리의 교육 철학에 대한 도전—을 통해서만 재탈환될 수 있습니다. 이 도전에는 명확성이 필요합니다. 즉 인격이 무엇이고 무엇이 아닌가에 대한 명확성, 인격과 단순한 개인의 차이에 대한 명확성, 나의 근원이 자연을 초월하고 나에 관한 우연한 사실을 담은 목록을 초월한다는 서술에 어울리는 일을 할 수 있는 인간 행위자의 능력에 대한 명확성 말입니다.

이런 명확성은 그야말로 **유물론적** 관점—인간 개인은 기계다(우리는 이런 종류의 언어 문제가 제기한 문제점에 대해 1장에서 다룬 바 있습니다)—이나 **영성론적** 관점—인간의 정체성이란 이곳 어디엔가 살면서 저 바깥세계에 자신을 강요하는 강한 절대 의지다—을 통해 쉽게 얻어지는 것이 아닙니다. 둘 사이 어디엔가 인간의 정체성에 대한 이해가 놓여 있습니다. 즉 인격이란 흥미롭게 또한 불가피하게 혼성적인 실재(hybrid reality)라는 이해입니다. 물질세계 안에 뿌리내려 있고, 시간의 경과에 의해 지배받는다는 면에서 물질적이지만, 동시에 신비롭게 자신의 환경에 반응하여 다른 환경을 만들어 낼 수 있습니다. 정해진 의제를 뛰어넘어 주변을 재구성할 수 있습니다. 무엇보다 받고 주는 데, 의존적인 동시에 독립적이 되는 데 몰두하는데, 그것이 바로 관계의 본질이기 때문입니다. 나는 기계도 아니고 자족적인 영혼도 아닙니다. 누군가가 내게 말하고 주목하기 때문에 나는 한 인격이고, 누군가가 내게 말하고 주목하고 나를 사랑함으로써 나는 현실의 존재가 됩니다. 이것은 신성함과 인간의 존엄성에 관한 질문으로, 그리고 다른 사람과 관련해서 내가 볼 수 없는 것과 통제할 수 없는 것이 항상 존재한다는 저 편만하고 신비롭고 영속적인 인식으로 우리를 돌아가게 합니다.

> 다른 사람과 관련해서 내가 볼 수 없는 것과 통제할 수 없는 것이 항상 존재한다.

  지금까지 이야기한 것은 보기보다 훨씬 단순합니다. 우리가 사실상 어떻게 서로 연결될 수 있는지 질문할 때, 우리는 여러 가지에 주목할 것이기 때문입니다. 우리는 몸을 가지고 서로 관계합니다. 우리는 인간으로서 성(性)과 관련된 근본적인 신체의 차이가 있다는 점을 주목합니다. 또한 우리는 우리 몸이 쇠하고 언젠가 죽을 것이라는 우리와 관련된 근본적인 육체적 현실에 주목합니다. 우리는 서로에게 이야기하고, 또 서로에게 경청하리라 기대합니다. 다시 말해, 우리는 관계가 언어 속에서 발전되기를 기대합니다. 우리는 관계가 중요하다는 듯, 우리는 사실 영원히 자신만의 고유한 생각을 강행할 수 없다는 듯 행동합니다. 또 이렇게 행동하지 않는 것처럼 보이는 사람들을 만날 때, 우리는 그들이, 조심스럽게 말해서, 어느 정도 문제를 안고 있다고 간주합니다.

질문은 이것입니다. 우리가 말하고 우리가 경청하며, 우리가 우리의 몸과 몸의 차이와 몸의 연약함을 인식한다는, 우리에 관한 이 단순한 일상의 사실에 적절한 언어를 찾을 수 있을까요? 우리가 이런 방식의 삶에 적절한 언어를 찾을 수 있을까요? '기계'라는 표현도 '독립적인 영혼'이라는 표현도 효과적이지 않습니다. 우리에게는 인격의 언어가 필요합니다. 그리고 내가 출발점으로 삼은 블라디미르 로스키의 말은 매우 옳습니다. 설령 우리가 무엇을 이야기하는지 안다고 하더라도, 명확한 **개념**에 도달하기란 정말이지 무척 어렵다는 것 말입니다.

하지만 이로써 우리는 상당히 흥미로운 마지막 역설에 도달한다는 게 내 생각입니다. 사람들은 신학이 비현실적 주체 사이의 비현실적인 관계에 대한 서술이라고 아주 빈번하게 말합니다. 19세기에 프리드리히 니체(Friedrich Nietzsche)가 남긴 이 유명한 말은 그 후 많은 사람들에 의해 회자되었습니다. 하지만 내가 정말 전하고 싶 주장은 이것입니다. 인격적 실재와 관련해서, 신학의 언어는 우리가 누구이고 인간다움이 무엇인지에 대한 우리의 인식을 효과적으로 표현하는 **유일한** 방법일 가능성이 있습니다. 즉 관계를 기대하고, 차이를 기대하고, 죽음을 기대하는 우리 자신을 효과적으로 표현한다는 점에서 말입니다(물론 그리스도인을 비롯한 다른 신앙 전통에 속한 사람들은 죽음 그 이상을 기대하지요. 하지만 이 문제는 다음 기회로 미루어야 하겠습니다).

내가 여러분에게 전하고 싶은 인식이 있습니다. 바로 자아가 단지 내부로부터 제기되는 자신만의 생각을 강행한다는 원자화된 인위적 자아 개념으로부터 벗어나, 우리가 개입된 관계 속에서 나누는 훨씬 유연하고, 훨씬 위험한 동시에 인간다운 교환 담론으로 시선을 돌리고, 또한 세계도 아니고 우리 자신도 아닌 존재가 언제나 먼저 우리에게 말하고, 우리를 호명하고, 우리에게 관여한다는 근본적인 신학적 통찰 위에 자아 개념을 세워야 한다는 것입니다. 이 과정에서 신학이 제 역량을 발휘합니다.

3

몸·마음·생각

앞서 나는 이 책에서 이언 맥길크리스트의 저작을 언급한 바 있습니다. 그의 방대한 책 『주인과 심부름꾼』(*The Master and His Emissary*)은 우리가 현대 문화에서 정신생활 전반의 본질을―위험한 수준은 아니나―심각하게 오해하고 있다는 가정에 근거하여, 지난 몇 백 년 동안의 서구 문화사를 분석합니다.¹ 우리가 앞서 주목했듯이, 『주인과 심부름꾼』은 영문학과 신경과학에서 훈련받았고 현역 전문 치료사였던 사람이 저술한 책입니다. 신경과학적 지식 덕분에 맥길크리스트는 두뇌 반구의 작동 방식에 대해 아주 현명한 글을 쓸 수 있었고, 영문학을 공부한 덕분에 지난 몇 백 년 동안 소설과 시, 시각 예술이 생각에 대한 우리의 생각에 어떤 점진적 변화를 가져다주었는지 생각할 수 있었습니다. 그리고 전문 치료사 경력에 걸맞게 여러 가지 대처 방안을 제시합니다. 여러분 중에 아직 이 책을 읽어 보지 못한 이들을 위해 간단히 요약해 보자면, 맥길크리스트의 논지는 이렇습니다.

뇌의 두 반구가 독자적으로 혹은 완전히 다른 방식으로 작동한다는 생각은 분명 지나친 단순화이지만, 두 개의 반구가 특정한 종류의 사고, 우리가 살고 있는 세계에 대한 특정한 판단과 정리에 우선권을 부여한다는 사실은 그대로 남습니다. 일반적으로 더 분석적이고, 패턴 형성과 문제 해결에 더 익숙한 두뇌부인 좌뇌는, 어떤 **구체적인** 도전이 우리 앞에 있고 또 어떤 **구체적인** 반응이 필요한지 비교적 소규모로 파악할 때 핵심적인 요소입니다. 좌뇌는 반응적입니다. 또한 더 광범위한 패턴으로 확장하기보다는 더 작게 나눕니다. 그리고 좌뇌는 그 자체로 우리 자신을 유능한 행위자, 사물을 어떻게 다루어야 할지 아는 사람으로 만들어 주는 것 중에 하나입니다.

> 뇌의 두 반구는 특정한 종류의 사고, 우리가 살고 있는 세계에 대한 특정한 판단과 정리에 우선권을 부여한다.

다른 한편, 특정 종류의 언어 기술과 관련이 적은 우뇌는 더 큰 모델을 구성합니다. 우뇌는 더 넓은 지평을 보고, 시비를 가리거나 기능적이거나 실용적인 것에만 국한되지 않은 연관 관계를 형성합니다. 우뇌는 지평을 훑어보고 현상을 조합하여 예상 밖의 패턴을 만드는 위험을 감수합니다. 어떤 면에서, 우뇌는 특정한 육체적 습관과 학습을 잘 견디고, 그런 것에서 더 효과적으로 작동합니다. 여러분이 자전거를 타거나 첼로를 연주하는 법을 배울 때 더 깊이 관여하는 것은 좌뇌가 아니라 우뇌일 것입니다. 맥길크리스트의 표현에 따르면, 아마 우리가 한 번도 점령해 본 적 없는 관념의 세계에서 좌뇌는 '심부름꾼'입니다. 우뇌의 더 광범위한 패턴 형성을 위해 좌뇌는 정해진 작업을 수행합니다. 하지만 어떤 심각한 문제가 발생했을 때, 좌뇌 곧 우리 안의 분석적이고 문제 해결적인 영역이 주도권을 넘겨받아 결국 우리의 지평을 좁히고, 우리가 해결하려고 애쓰는 문제 자체를 구성하고 이해하는 능력을 축소시킵니다. 맥길크리스트는 이러한 불균형이 우리 뇌에서 일어나고 있다고 생각합니다.

몸으로 생각하기

이번 장에서 나는 이렇듯 아주 원대하고 폭넓고 개괄적인 일부 분석을 당연히 받아들이면서 나의 주장을 간추려 설명하겠습니다. 그 이유는 내가 특히 앎의 형식뿐 아니라 앎에서 **몸**이 맡은 역할에 대해 성찰하고 싶기 때문입니다. 좌뇌가 우리를 납득시킬 수 있는 것 가운데 하나는, 사물에 대한 앎이 우리 머릿속에서 일어난다는 점입니다. 우리 머릿속에는 고도로 발달된 등대 불빛이 있는데, 이 불빛은 보이지 않지만 그럼에도 강력합니다. 이 불빛은 이 내면의 지점으로부터 회전하면서 꼬리에 꼬리를 무는 문제와 상황을 비춥니다. 우리에게 제기된 특정 문제를 해결하기 위해, 이 불빛은 우리 머릿속에서 최대 밝기로 켜지고, 그런 다음 우리는 자신의 능력을 활성화시킵니다. 맥길크리스트뿐만 아니라 우리 현대 문화 세계의 다른 많은 훌륭한 철학자와 분석가들—여기서 캐나다인 필립 셰퍼드(Philip Shepherd)도[2] 생각이 납니다—의 지적에 따르면, 이로 인해 우리가 아는 지식 대부분을 배워 알아 가는 실제 과정이 생략되고 맙니다. 우리가 앎에 대해 고도로 신화적이고, 가장 결정적으로, 상당히 파괴적인 모델에 봉착하지 않으려고 한다면, 우리는 이 배움의 과정을 주목해야 합니다. 등대 불빛 모델은 우리를 끈질기게 설득하여, 우리의 지평을 좁혀 놓고, 시야보다는 기능에 집중하게 만들어, 결국에는 우리가 그렇지 않았을 때보다 서로에 대해 덜 인간적으로 인식하도록 만들 것입니다.

여러분이 배워 알게 된 것들을 잠시 생각해 보십시오. 방금 전 나는 자전거 타기와 첼로 연주를 언급한 바 있습니다. 여러분은 노래를 어떻게 배우는지 물을 수도 있습니다. 자전거 타는 법이나 노래 부르는 법을 배우는 것은 **여러분의 몸이 활성화되는 일련의 습관**을 익히는 것입니다. 여러분은 특정한 방식으로 환경에 반응하거나 공명하는 법을 배웁니다. 여러분은 자전거 위에서 한쪽으로 몸을 기울이다가는 넘어지고 만다는 것을 배웁니다. 규정하기 힘든 온갖 방법 가운데 여러분이 저런 방식이 아닌 이런 방식으로 성대를 활성화시키려고 했을 때, 여러분은 그때 나오는 소리가 누구라도 듣고 싶은 소리가 아닐 것임을 배웁니다. 여러분은 습관을 익힙니다. 여러분은 아마 상세한 일람표로 결코 정리할 수 없을 일련의 복잡한 자극에 스스로 적응하는 법을 배웁니다. 기술을 익히는 사람들은 이러한 방식으로 아주 많이 배웁니다. 그들은 상상을 통해 배우고, 말 그대로 자기만의 방식을 느끼면서 배웁니다. 리처드 세넷의 『장인』(The Craftsman)[3] 같은 책은 기술을 익히는 것이 어떤 의미인지 자세히 설명하는데, 그의 주장에 따르면 우리가 기술을 익히는 방식은 우리가 점차 인식하게 되는 인간성과 관련해서 아주 중요하고 의미심장한 함의를 갖습니다.

기술을 배우는 데는 시간이 걸립니다. 우리는 그 과정에서 때때로 찾아오는 불안을 잊어야 합니다. 여러분이 끊임없이 불안해한다면, 여러분은 이를테면 조각가가 되는 법을 익힐 수 없습니다. 몸의 긴장은 여러분에게 위험하고 파괴적일 것이며, 결국 여러분은 자

기술을 배우는 데는 시간이 걸리는데, 우리는 그 과정에서 때때로 찾아오는 불안을 잊어야 한다.

신이 목표로 하는 결과를 얻을 수 없을 것입니다. 다시 말해, 여러분은 몸을 이완시키는 습관을 다시 익혀야 합니다. 여러분의 주의력을 이완시키고, 말 그대로 여러분의 근육을 이완시켜야 합니다. 그러면 결국 환경 속에서 자신의 방식을 느끼는 실제적인 지식을 형성하게 됩니다. 이것은 그리 놀라운 사실이 아닙니다. 곰곰이 생각해 보면, 우리가 무언가를 알기 시작하는 방식이 이와 같기 때문입니다. 1장에서 나는 어린아이들이 사물과 직접 부딪치는 경험을 통해 무언가 배우는 것과 마찬가지로, 우리가 지식과 언어를 익힌다는 생각을 언급한 바 있습니다. 우리는 점차 자신이 가는 곳과 갈 수 없는 곳, 우리가 전진할 때 무언가에 부딪쳐 직선으로 움직일 수 없는 곳을 고려하여 물리적 환경의 지도를 만듭니다. 우리가 스스로 창조하는 마음의 지도는—점차 연결된 형태를 취하는—이런 단편적인 물리적 저항의 제약을 받습니다. 누군가 다른 사람이 하나의 몸이라는 사실을 배우는 것은, 말 그대로 그들을 둘러 가는 길을 익히는 것입니다. 따라서 특정한 습관을 익히고 특정한 관점(이에 대해서는 곧이어 상세하게 다루겠습니다)을 상상하는 몸이 개입된 배움의 차원이야말로 인간의 앎의 가장 심오한 지점입니다.

그 결과 제기되는 여러 구체적인 도전을 해결하는 과정에서 '심부름꾼' 곧 좌뇌가 작동하기 시작합니다. '만일 내가 이 특정한 방해물을 처리할 수 없다면, 정확히 무슨 이유 때문일까?' '그리고 나는 어떻게 나의 주의력을 집중시켜 방해물을 처리하는 방법을 찾을 수 있을까?' 분명하게 말하건대, 우리가 인간의 배움 과정을 잊는다면, 우리가 익힌 육체적 습관이 몸속 깊이 새겨져 있거나 뿌리내려 있다는 사실을 잊는다면, 우리는 통제적인 앎 모델에서 끝나고 말 것입니다. 이런 모델은 분석적인 까닭에 탈육체화되는 위험에 처하는데, 그것은 곧 둘러 가는 길을 느끼는 것과 더는 관련이 없게 됨을 의미합니다. 틀림없이 좌뇌는 이 특정한 환경의 모퉁이를 헤쳐 나가기 위해 필요한 이 특정한 일련의 전략을 파악할 때 대단히 효과적일 것입니다. 하지만 좌뇌는 사물의 전체적인 면모, 전체 그림을 우리에게 보여주지 않을 것입니다. 다시 말해, 지도 자체를 우리에게 주지 않을 것입니다. 신경학의 관점에서 볼 때, (1장에서 주장했듯이) 사람들이 특정 종류의 뇌 손상으로 인해 부분적 특징만 인식할 뿐 얼굴 전체를 인식하지 못한다는 점은, 이러한 사실을 고통스러울 만큼 예리하고 명료하게 예시해 줍니다. 다시 말해, 사람들은 저것이 코라는 것을 알지만 그게 누구의 얼굴인지는 알아보지 못할 것입니다. 이것은 이러한 지식 모델이 어떤 문제를 안고 있는지 보여주는 대단히 유용한 은유입니다. 몸의 배움은 말 그대로 환경에 거주하는 한 방법이 됩니다. 다시 말해, 환경 속에서 이리저리 움직이는 법을 배우고 익히는 것입니다. 모든 것은 즉각 하나의 문제로 환원되지 않고, 내가 소유한 지식은 그저 일련의 사실에 대한 지식이나 일련의 전략적 지식이 아닙니다. 그것은 얼굴 인식, 다시 말해 내 주변에 있는 저항이 실제 전체적으로 어떤 모습인지 상상하고, 창조하거나 가정하는 능력입니다.

이런 능력이 없다면, 인간다움이 무엇인가에 대한 우리의 개념과 그에 따른 전체 문화에 대한 우리의 개념은 현저히 빈곤해집니다. 맥길크리스트와 셰퍼드를 비롯한 여러 사람들의 주장에 따르면, 이러한 '빈곤화'는 물리적 환경의 더 큰 그림을 구성하지 못하는 일종의 무능과 관련이 있을 뿐만 아니라, 또한 정서적 환경의 더 큰 그림을 구성하지 못하는 문제와도 관련이 있습니다. 우리가 문제 해결에 더 깊이 집착할수록, 우리가 통제에 더 깊이 집착할수록, 통제력 부족과 문제를 해결하지 못한 실패로 인한 실망감은 우리에게 더 많은 개인적 도전 과제를 만들고, 끊임없이 채찍질하는 방향으로 기웁니다. 폭력과 강박증, 통제 사이의 연관성을 보여주는 신경학 분야의 증거는 상당히 많습니다. 또한 대체적으로 우리는 무언가에 시간을 들이는 것에 조급함을 느낀다고 말할 수 있습니다. 이런 말은 틀림없이 여러분과 내가 상당히 자주 거주해 온 문화에 대한 묘사로 다소 친숙하게 들릴 것입니다. 다만 지금은 우리의 사회적·문화적, 더 나아가 정치적 세계의 여러 특징과 이 모든 것을 연결 지어 독자들의 이해에 도움을 줄 수 있다고 봅니다.

불행하게도 현대 문화에서 우리는 주의력 저하에 시달리고 있습니다. 여기에는 텔레비전 드라마 한 에피소드의 평균 길이뿐 아니라, 미디어에서 한 이야기가 지속되는 평균 시간, 더 나아가 정부의 정책 선언이 상정하는 평균 기한도 포함됩니다. 요즘 우리는 한마디로 강박에 의한 단기 성과주의자들입니다. 눈앞에서 즉시 문제가 해결되는 게 가장 중요한 것인 양 우리를 부추기고, 장기적 관점에서 사회 제도의 의미와 목적이 무엇인가 하는 더 큰 질문의 흔적을 상실했으며, 정확히 어떻게 우리가 여기에 이르렀는지에 대한 이해에서 마찬가지로 조급합니다. 우리의 현대 문화와 관련하여 가장 흥미롭고 곤란한 일 가운데 하나가, 몇 년 전 조 굴디(Jo Guldi)와 데이비드 아미티지(David Armitage)의 아주 흥미로운 문헌 『역사학 선언』(The History Manifesto)에서 관심을 끌었습니다.[4] 이 책은 특히 일부 고등 교육 제도에서, 불행하게도 역사 지식 전반의 '빈곤화'로 인해 오늘날 우리가 현 상태에 이르게 된 과정을 이해하는 데 조급하다는 사실을 지적했습니다. 우리는 어떻게 여기에 이르렀는지 알지 못하는데도, 우리가 어디에 있는지 분명하다고 가정하는 경향이 있습니다. 우리가 어디에 있는지 분명

> 우리는 어떻게 여기에 이르렀는지 알지 못하는데도, 우리가 어디에 있는지 분명하다고 가정하는 경향이 있다.

하다고 가정하면, 우리는 그와 관련해서 결정적인 질문을 던질 가능성이 낮습니다. 그와 관련해서 결정적인 질문을 던질 가능성이 낮을수록, 우리는 다른 사람들의 도전에 더 많이 저항할 것입니다. 다시 말해, 지금 우리가 어떻게 지금과 같은 사람이 되었는지 이해하지 못할 때, 현재 우리가 이루고 있고 또한 추구하려고 하는 사회에 즉각적이고 대단히 위험한 영향을 미칠 것입니다. 이것은 사실상 자신들의 현재를 형성한 경험의 기억을 떨쳐 버리려고 애쓰는 어떤 개인에게 위험한 영향을 미치는 것이나 다름없습니다.

지금 우리는 단지 철학 이론에 대해서만 이야기하고 있지 않습니다. 우리는 우리가 이루고 있고, 우리가 이루고 있다고 생각하고, 이루기를 원하는 사회, 우리가 향하고 있는 곳, 우리가 당연시하는 것에 상당한 영향과 의미를 갖는 앎과 배움의 태도에 대해 이야기하고 있습니다. 하지만 더 나아가기 전에 마음과 몸에 관해 언급할 내용이 하나 더 있습니다. 지금까지 내가 강조해 온 사실이 있는데, 그것은 몸이 습관을 익힐 때 너무 많은 사물과 부딪치지 않고 환경 속을 이리저리 움직인다는 관점에서 우리의 수많은 습관 형성을 이해하는 것이 중요하다는 점입니다. 느끼고 감지하고 참여하는 습관을 익히는 것은 지적 성장의 핵심입니다. 그와는 별도로 중요한 사실은 마음이 몸 자체에 깊이 뿌리내려 있다는 것입니다. 진정 우리가 **몸을 지닌 채** 마음에 대해 배운다고 한다면, 몸이라는 개념 자체에 이미 마음에 관한 요소가 전제되어 있습니다. 1장에서 나는 에디트 슈타인을 언급했는데, 그는 우리가 자기 뒤통수를 볼 수 없다는 사실이 철학적으로 흥미로운 점임을 맨 처음 밝혔습니다. 다시 말해 그의 주장에 따르면, 우리가 몸 곧 공간 속의 3차원 구성단위로서 자신의 이미지를 갖기 위해서는, 다른 사람들이 우리와 관련해서 무엇을 하는지 경청하고 주목해야 합니다. 나는 **절대** 알 수 없지만 다른 사람들은 아는 것이 있습니다. 다시 말해, 내 뒤통수가 어떤 모습인지 이를테면 '정면'에서 보는 것이지요. 이것을 여러 방면으로 확장해 보면, 이것은 나 자신의 **육체적** 그림 구성에 적용될 수 있고, 더 나아가 나 자신에 대한 마음 혹은 심리적 그림 구성이라는 특정한 측면에 적용될 수 있습니다. 나는 혼자서 나 자신을 알 수 없습니다. 나는 홀로 언어를 창안할 수 없습니다. 누군가가 **나에게** 말을 건네야 합니다. 누군가가 나를 보고 **나에게** 관여하지 않는다면, 나는 자신을 몸으로 혹은 자아로 형상화할 수 없습니다. 그런 의미에서, 슈타인은 공감의 측면이 앎의 과정에서 본질적이라고 주장합니다.[5]

공감 곧 상상을 통해 나의 것이 아닌 관점과 동일시하는 것은, 그저 우리 인간의 정체성과 구성 항목에서 선택적 추가 사항이 아닙니다. 공감이 없을 때 우리는 자기 자신을 알 수 없습니다. 타자와의 동일시 없이 나는 나 자신을 알지 못합니다.

> 타자와의 동일시 없이 나는
> 나 자신을 알지 못한다.

지적 주체의 관여와 교환을 고려하지 않은 채, 상상을 통해 자신을 타자에게 투사하는 것을 고려하지 않은 채 몸을 생각하기란 불가능합니다. 다시 말해, 우리의 앎이란 육체적인 것일 **뿐만** 아니라 또한 협력적이고 상상적입니다. '두뇌 속 등대' 모델로 돌아갈 때, 이 모델의 문제점은 탈육체화되는 위험한 길 위에 있을 뿐만 아니라 고도로 개인주의화되어 있다는 점입니다. 우리가 어떻게 아는지, 또 앎이 무엇인지에 관한 특정한 사고방식에서 균형을 바로 잡고자 한다면, 우리는 몸과 마음의 연관성을 회복해야 할 뿐만 아니라, 앎 자체의 기획의 협력적 특성에 대해 언급할 무언가 흥미로운 것을 찾아야 할 것입니다.

실천적 지성의 개발

조금 더 나아가 봅시다. 이렇듯 몸과의 연관성과 교환과 언어의 관점에서 이해된 지식은, 남김없이 분석되어 (말하자면) 인식자 안에 받아들여질 수 있는 사물을 파악하는 데 덜 집착하는 것 같습니다. 그 대신 이 지식은 (내가 애호하는 은유인) '조율', 파장이 맞는 상태, 우리에게 자극이 오고 우리는—체화된 마음으로 혹은 지적인 몸으로—그 자극에 진동하는 법을 배운다는 사실을 의식하는 것과 더 깊은 관련이 있습니다. 편의를 위해 약간 더 간결한 어구를 사용한다면, 나는 아마도 이런 연계 속에서 지식은 **주목**(attention)과 **조율**(attunement), **연합**(atonement)을 내포한다고 주장하겠습니다. 지식은 단순히 수용하는 것을 넘어, 주목을 통해 받아들이는 고도로 발달된 능력을 내포합니다. 여기에는 지적인 몸인 우리에게 오고 있는 자극에 공명하고 순응한다는 인식이 필요합니다. 즉 조율이지요. 마지막으로 여기에는 '연합'이 필요합니다. 다시 말해, 상당히 중요한 의미에서, 환경과 자극, 의제, 제안을 비롯한 나머지 전부와 **하나 되는** 능력 말입니다. 이러한 일단의 기술(또는 사실상 '은총'이라고 말해도 좋겠습니다)만이 진짜 실천적 지성에 도달합니다.

　여기에는 두 가지 부수적 질문이 있는데, 신학적 시각을 지닌 사람과 학문적 시각을 지닌 사람 모두에게 흥미로운 질문입니다. 먼저 학문적 실례를 들어 보겠습니다. 우리의 교육 차원에서, 우리가 우선시하는 지식은 어떤 종류이고, 우리가 양성하고 독려하고 개발하려고 애쓰는 지식은 어떤 종류이며, 또 우리의 교육 제도는 지적 존재가 되기 위해 우리에게 필요한 '양안 시각' 곧 두뇌의 양쪽 반구를 갖도록 어느 정도나 허용하고 있습니까? 나의 동

료 교수 가운데 상당수는 많은 분야에서 특정한 지식 모델—분석적이고 단기적이며 이분법적이고 문제 해결적인 모델—이 다른 특정 모델—모종의 주목과 더불어 조율, 더 나아가 연합 모델—을 밀어내고 있다는 우려를 표명했습니다.

나는 이것이 정당한 불만이고, 교육 제도를 제대로 꿰뚫어 보는 불만이라고 생각합니다. 수십 년간 교육 방법론에서 우리에게 친숙한 수많은 실험이 상기시켜 주는 사실이 있습니다. 초등학교 교육에서 쉽게 점검할 수 있는 일련의 기술을 엄격한 반복을 통해 습득하고 끊임없이 검증하는 것과는 다른 종류의 접근 방법이 있다는 점입니다. 슈타이너(Steiner) 학교든 몬테소리(Montessori) 학교든, 혹은 단순히 특정 교훈을 익혀 온 일반 학교든, (내가 사용해 온 단어의 의미에서) 아이들의 지성을 함양하기 위해 **몸의 지적 작동 과정**, 실은 체화된 마음을 보통 수준보다 더 많이 고려해야 한다는 인식이 있었습니다. 그 때문에 놀이와 음악, 스포츠, 레저, 연극 등이 아이들의 지적 형성에 매우 중요한 역할을 담당하고 있는 것이고요. 영국에서 대부분의 초등학교가 이것의 일부 변형 형태를 고수하면서도, 일단 아이가 열한 살이 되면 이런 것들에 덜 관심을 두어도 괜찮다고 여기는 것은 흥미로운 동시에 고개를 갸웃거리게 하는 일입니다. 이 시기 이후로는 다른 지식 모델이 점차 우세해지는 것 같습니다. (여기서 과거를 이상화하지 않아야겠지만) 그것도 지성의 정교화와 인내, 그리고 감히 덧붙이건대, 영적 성숙을 요하는 일련의 기술 습득 요소를 평가절하하고 무시하도록 오랫동안 우리를 이끌었던 방향으로 우세해집니다. 영국 교육에서 도제 교육의 몰락은 단지 산업의 작동 방식과 관련한 유감스러운 일시적 현실이 아니라, 우리가 정말 **중요하다**고 여기는 배움의 종류에 대해 무언가 시사해 주는 바가 있다고 생각합니다. 그 밖에 우리가 현재 익숙해져 있는 교육 체제와 교육 철학에 대해 할 말이 많지만, 어느 정도 핵심은 짚었다고 생각합니다. 이와 관련해서 신학적 함의에 대해서도 살펴보고 싶습니다.

이런 주제에 대해 거의 다루어지지 않을 것 같은 아우구스티누스의 저작으로 시선을 돌려 보겠습니다. 『고백록』에 있는 그의 자전적 회고에서 가장 흥미로운 논의 가운데 하나가 지식 및 배움과 관련이 있습니다. 아우구스티누스는 『고백록』 제7권에서[6] 영적 지식을 얻기 위해 분투했던 과정을 인상 깊게 서술합니다. 그는 영원한 진리와 접촉하기 위해 정신적 초탈과 자기 성찰의 길을 희생적이고 헌신적으로 추구했습니다. 그런데 그는 이 방법이 자신의 습관을 깨뜨리는 데, 자신의 삶을 바꾸는 데, 자신이 찾고 있던 살아 있는 진리를 익히는 데 별로 효과적이지 않은 것 같았다고 서술합니다. 그는 아주 인상적인 이미지를 사용하여, 정신적 초탈 및 고상한 관상 경험과 매일의 일상적 삶을 연결시키지 못한 실패로 인해 좌절하고 고뇌한 뒤, 마침내 그리스도교 신앙에 자신을 내주었다고 설명합니다. 그의 말대로, 자기 발 앞에 누워 계시던 육화된 신성—인간이신 예수 그리스도의 내러티브—위에 자신을 내려놓은 것이지요. 아우구스티누스에게 올라가는 길은 내려오는 길입니다. 다시 말해 하나님에 대해서는 물론이거니와, 영, 영적 영역에 대해서 배우려면 내려오는 길을 선택해야 합니다. 이는 자신의 유한성과 육체성에 대한 인식을 뜻합니다. 특히 그리스도인으로서 그가 볼 때, 하나님이 아주 구체적인 사회적·역사적·물질적 상황 속에서, 다시 말해 예수의 삶 속에서 말씀하고 행동하셨다는 것에 대한 인식을 뜻합니다. 그리고 아우구스티누스의 말처럼, 우리가 부활하신 그리스도와 함께 일어나기 위해 자신을 내려놓는 이 이미지는, 이번 장에서 우리가 생각해 온 내용 일부를 표현하기에 나쁘지 않은 은유입니다.

이 은유는 유용합니다. 그것은 이 은유가 특히 인간의 정신적 과정과 영적 과정이 끊임없이 **도피** 모델과 **통제** 모델에 이끌린다는 사실을 다루기 때문입니다. 신비롭게도 우리 인간은 많은 경우 물질적이지 않은 것을 선호할 것입니다. 그리고 우리가 명명한 소위 '트랜스휴먼' 철학에서 이런 현상을 가장 두드러지게 봅니다. 트랜스휴먼 철학은 우리의 존재에 대해, 말 그대로 '통 속의 뇌'

는 아니더라도 적어도 그에 준하는 것이고, 그 결과 우리 체계의 감정적·인지적 내용물이 이 통에서 저 통으로 옮겨질 수 있다고―따라서 일종의 불멸성이 보장된다고― 상상

신비롭게도 우리 인간은 많은 경우 물질적이지 않은 것을 선호할 것이다.

합니다. 이것이 공상과학 소설 차원을 넘어서는 상상인지에 대해서는 논란의 여지가 있습니다. 하지만 어쨌든, 이 열망 곧 몸에서 벗어나는 자유의 꿈은 우리 역사에서 흥미롭고 혼란스러운 것입니다. 그리고 어디엔가 통합의 황금시대가 존재했다고 상상하지 않도록 미리 지적하건대, 이것은 하나의 문화로―그리스도교 문화, 플라톤적 문화, 고전적 문화―우리의 과거에 아주 깊은 뿌리를 두고 있는 꿈입니다. 이것은 분명 유럽과 북대서양의 중대 문제이지만, 우리 세계의 한 영역에 국한된 문제는 결코 아닙니다.

그런데 만일 내가 제시한 묘사가 올바르다고 할 수 있는 영역 속에 있다면, 우리의 육체성과 더불어 우리 몸에서 일어나는 교환은 지성 자체에 본질적 요소가 있습니다. 다소 부담스럽지 않게 표현해 보면, 만일 지성이 몸의 교환과 직면과 만남에 관여하지 않고, 따라서 시간의 경과가 수반되지 않는다면, 지성이라는 말에 우리가 담아야 하는 의미는 아주 달라졌어야만 합니다. 이 꿈은 우발적 시간 경과, 둘러 가는 길을 찾는 수고, 그에 따른 사

실상 환경 안에 거주하는 어려움에 기대지 않는 지식의 길, 앎의 길, 통달의 길이 있을 것이라는 끈질긴 열망으로 너무 자주 축소되는 것처럼 보입니다.

　이것이 바로 여기서 내가 강조하고 싶은 마지막 논점, 바로 '어려움'입니다. 나는 어려움이 우리에게 유익하다고 생각하는데, 이 말은 내가 저술한 몇몇 책의 어려움(내 책이 항상 읽기 쉬운 것은 아니라는 말을 듣습니다)에 대한 핑계만은 아닙니다. 내가 이렇게 말하는 이유는, 어려움이 우리로 하여금 시간을 들이지 않을 수 없게 만드는 요인 가운데 하나라는 점이 명백하기 때문입니다. 우리가 더 많은 시간을 들일수록, 우리의 발견은 습관이나 숙련으로 바뀔 가능성이 더 높습니다. 우리가 무언가에 시간을 덜 들일수록, 우리는 더 쉽게 해결하고 정리하고 이해하게 되지만, 그것의 가치와 의미는 떨어질 것입니다. 상당히 진부한 이야기입니다만, 플라톤학파 철학자와 초기 그리스도교 신학자들은 몇 천 년 앞서서, 우리가 수월하게 무언가를 알게 되었다고 생각할수록 그것에 관심을 덜 갖는다고 말했습니다. 어려움은 훈련을 동반합니다. 어려움은 노력을 기울일 것이 더 있다는 자발적 믿음을 동반합니다. 그리고 우리가 지금의 자리에 이르기까지 시간이 걸렸음을 상기시킴으로써, 우리 현재의 문화적 관점이—시간적으로든 지리적으로든—유일하게 분명한 관점은 아니라는 점을 상기시키는 요인 가운데 하나가 될 수도 있습니다. 시간 경과, 우리가 아직 소화하지 못한 것이 '더 많이 있다'는 인식은 (반드시 그런 것은 아니지만, 아마도) 또 다른 세계, 또 다른 문화, 또 다른 사람의 비판과 도전, 대안적 견해에 조금 더 인내하게 만드는 요인 가운데 하나일 것입니다. 이것은 분열이 아닌 **연대** 형성, 다시 말해 당연히 지식의 특징인 협력을 확장시키는 요인 가운데 하나일 것입니다.

반복하지만, 지식과 친교의 관계에 관한 신학적 통찰이 그 배후에 있습니다. 하지만 지금은 그저 어려움이 갖는 처음의 긍정적 의미를 강조하는 것으로 충분합니다. 세계에 거주할 때, 우리는 세계가 인간 주체에 의한 조작과 통제에 저항한다는 사실을 아주 진지하게 받아들어야 합니다. 우리는 반복적으로 조작과 통제가 유일하게 중요한 사안인 양 행동합니다. 그리고 당연히 이것은 우리가 오늘날 당면하고 있는 생태 위기에 대해 많은 것을 설명해 줍니다. 하지만 우리가 시간 경과와 어려움과 몸의 노고의 중요성으로 시선을 돌리면, 몸을 소유한 우리가 육체적 과정을 통해―우리가 우월하지 않은―물질세계와 연결되는 세계 안에 속해 있다는 것을 간과할 길은 사실 전혀 없습니다. 이런 사실은 그 자체로 우리가 살

> 세계에 거주할 때, 우리는 세계가 인간 주체에 의한 조작과 통제에 저항한다는 사실을 아주 진지하게 받아들어야 한다.

고 있는 환경에 더 인내하고, 더 주목하고, 심지어 더 '존중하는' 접근법을 우리에게 요구합니다. 그리 참신성 있는 주장은 아니지만 이렇게 표현할 수도 있겠습니다. 즉 지식의 작동에 대한 우리의 생각이 환경을 대하는 접근법에 영향을 줍니다. 우리의 지식 모델이 두뇌 속의 등대라면, 인식하는 주체는 저 밖에서 알려지는 어떤 존재와 대단히 다르고, 인간과 비인간 사이에 확고한 심연이 있다고 가정하는 훨씬 더 큰 위험에 처합니다. 그리고 이것은 분명 자원이 제한되고 불안정성이 증가하는 세계에 거주할 때 우리가 극복하는 법을 배워야 하는 장애물 가운데 하나입니다.

에덴 동산에 있던 선악을 알게 하는 나무를 생각해 보십시오. 흥미롭게도 신경생리학에 대해 이야기할 때, 사람들은 여러 가지 것 중에 두뇌 속 '수상돌기' 성분에 대해 이야기합니다. 특정 신경 구조 속에서 촉각을 전달하고 확산하는 나무 비슷한 성분 말입니다. 나무가 땅 위의 왕관과 땅 아래의 뿌리를 갖고 있다는 관념이 우리가 인식하는 앎과 우리가 인식하지 못하는 앎을 나타내는 은유로 계속해서 되풀이되었다는 사실 역시 흥미롭습니다. 그리고 포르피리오스(Porphyrios) 같은 후기 고전 철학자가 나무 은유를 사용하여 논리적 방법의 변형을 목록화할 수 있었다는 점도 흥미롭습니다. 나무의 유기적 생명에는 무언가 지식에 대한 생각을 강력하게 이끌어 내거나 매료시키는 어떤 요소가 있는 것처럼 보입니다. 그리고 이렇듯 땅 위와 땅 아래 모델의 관점에서 지식에 대해 생각하는 것—우리가 인식하는 앎, 우리가 생각하는 앎, 그리고 우리가 인식하지 못하는 앎—은, 우리가 사용하는 지식의 의미를 일련의 특정 기술과 능력에 대한 지식으로 축소시키는 위험을 상기시키는 단서— 유용할 뿐만 아니라 교정 효과까지 지닌 단서—일 것입니다. 즉 우리의 지식이 우리가 처한 곳에서 유래하고, 우리가 **시간**을 들여 도달한 곳에서 유래한다는 사실을 망각하는 위험이고, 우리의 세계에 거주하지 못하고, 이로써 우리의 몸에 거주하지 못하는 위험입니다. 앞서 주장했듯이, 여기에 내포된 위험은 단순히 걱정스런 철학적 실책을 범하는 위험이 아니라, 인간다움의 의미를 완전히 상실할 수도 있는 위험에 버금가는 것입니다.

4

믿음과 인간의 번영

오늘날 종교는 흔히 안과 밖에서 도덕 철학자들이 명명한 '타
율'(heteronomy)과 깊은 관련이 있다고 이해됩니다. 다시 말해 외
부로부터, '타자'로부터 부과된 율법, 관습, 규범이지요. 종교적 정
체성은 정도의 차이는 있겠지만 불가피하게 퇴행과 결부되어 있
다고 간주됩니다. 이 설명에 따르면, 종교인이 되는 것은 신적 능
력의 의지에 굴복하는 것이고, 따라서 끊임없이 극적으로 자기를
희생하도록 부름받는 것입니다. 이 모델이 어떻게 수 세기에 걸쳐
반인륜적 목적을 위해 남용되고, 왜곡되고, 오용되어 왔는지 내가
상세히 설명할 필요는 없을 것입니다. 핵심은 이것입니다. 만일
이 설명이 옳다면, 만일 이것이 종교적 정체성의 **본질**이라면, 내
가 제목에 담은 두 항목, '믿음'과 '인간의 번영'은 하나로 묶이기
가 참으로 쉽지 않습니다. 다른 한편, 만일 우리가 신적 능력을 두
려움이나 경쟁이나 불안 없이 타자의 존재를 낳는 절대적 자유로
인식한다면, 이는 다시 인간의 성숙과 번영을 이해하는 다른 길을

제시할 것입니다. 따라서 나는 여기서 네 가지 탐구 항목, 곧 종교적으로 계몽된 인간의 성숙 개념을 계발하는 데 도움이 될 네 가지 주제를 제시하고자 합니다. 그 주제들은 이렇습니다. 우리는 의존성과 자율성, 욕망의 교화, 시간의 경과, 그리고 유한성의 수용을 어떻게 다루는가?

의존성과 자율성

자율성(autonomy)은 근대 및 근대 후기 문화의 공인된 이상이었습니다. 그리고 (물론 여러분은 일부 종교인들로부터 그런 말을 종종 듣겠지만) 자율성을 인간의 최고 가치로 간주하는 것이 실수라는 말은 다소 과도한 상투적 표현일 것입니다. 지나치게 단순화하고 싶지 않지만, 내 생각에는 우리가 자율성에 대해 이야기하고 이해하는 방식에 문제가 있습니다. 의존성(dependence)이란 결국 특정 국면과 정황에서 인간의 삶의 한 상태로, 무엇보다 우리가 피해 갈 수 없는 것입니다. 오랜 청년기의 잠복 기간, 언어 현상, 환경 속에서 인간 육체의 상대적 취약성, 이 모든 것이 우리의 독특한 인간 경험 속에 불가피한 **수용**(receiving) 곧 피형성 (formation-by)의 차원을 만들어 냅니다. 우리를 자신의 창시자

라고 가정하는 것은 우리 인간성
의 이러한 여러 측면을 회피하려고
애쓰는 것입니다. 의존성의 의미를
타협하는 것은 인간다움의 일부입

> 의존성의 의미를 타협하는 것
> 은 인간다움의 일부다.

니다. 여기에 항상 수반된 도덕적 문제는, 사람들이 의존성을 수
용해야 한다고 이야기할 때, 그들이 가리키는 의미는 "당신은 내
게 의존해 있다는 걸 받아들어야 해" 혹은 그것에 어느 정도 준하
는 것인 경우가 아주 많았습니다. 다시 말해, 의존성은 인간 세계
안의 불평등, 불균형과 관련되어 있습니다.

　하지만 그렇다고 해서 이러한 사실이 우리로 하여금 창조자인
동시에 수용자가 되는 것이 무엇인지 이해하려는 노력으로부터 벗
어나게 하는 것은 아닙니다. 어떤 사람들이 말한 '자아 창조의 환
상'은 우리가 인간 정신의 발달을 이해할 때 중요하면서도 성가신
문제입니다. 한 세대쯤 전, 저 비범하고 논쟁적인 저자 어니스트 베
커(Ernest Becker)는 소위 '자아 창조 기획'에 대해, 그리고 이것이
특정 발달 단계를 넘어 지속되면서 온갖 종류의 병리 현상의 원인
이 된다는 점에 대해 방대한 글을 썼습니다. 그는 쇠렌 키에르케고
어(Søren Kierkegaard)의 '악마적 분노'(demoniac rage) 개념을 인
용합니다. 즉 '감히 하나에게 했던 일 때문에 모든 생명에게 가하는
공격'이 '오만한 자아 창조'의 표현이라는 것이지요.[1] 이것은 자아

의 세계가 전혀 의지의 통제 아래 있지 않을 때, 자칭 자아 창조자가 드러내는 분노입니다. 이제 잠시 일반화해 볼 때, 가장 종교적인 믿음의 입장에 따르면, 우리는 모두 하나의 근원적 의존 형태 곧 신적 자유에 기대어 살아가는 의존을 공유합니다. 우리가 모방하고 참여하고 반사하는 행동이 있기 때문에 우리는 여기에 있습니다. 그 주도적 행동—여러분이 어떻게 표현하기 원하든 상관없습니다—으로 인해 어쨌든 우리가 여기에 있습니다. 따라서 우리가 자기 자신이 되기 위해 그런 차원의 의존을 인정하는 것은 우리를 자유롭게 해주는 아주 중요한 한 부분입니다. 이럴 때 우리는 우리에 관한 진실에 익숙해집니다. 우리는 우리 이외의 것, 곧 우리 자신이나 우리의 의지, 우리의 희망, 우리의 성취가 아닌 것에 의존합니다.

이 입장은 그리스도교적 형태에서 아주 특별한 색채를 갖습니다. 단순히 일반적인 용어로 '신적 생명'이 아니라 '말씀', '아들', 영원하신 근원의 자손에 의해 나타난 특정한 형태의 신적 생명으로 성장하고 있다고 생각하라고 그리스도인들을 다독입니다. 그리스도인은 입양되어 예수께서 '**아빠,** 아버지'라고 부르신 그분과 의존 관계를 맺습니다. 따라서 우리의 인간 정체성은 기도 가운데 이 의존성을 인정하는 동시에, 우리의 존재 자체만이 아니라 그리스도 안에서 새로워진 우리의 존재를 형성하는 선물에 응답합니다. 그리고 이러한 의존성을 인정할 때, 우리는 능력을 받아

사도 바울의 표현대로 '하나님의 일을 하고', '그리스도 안'에 있
게 됩니다. 이것은 외계 존재가 아닌 '인정해 주는 근원'에게 순종
함으로써—우리가 여기 있는 이유는, 우리를 존재하도록 이끌고 우
리의 존재를 인정해 주는 한 행동이 있기 때문임을 깨달음으로써—
나오는 권위와 관련이 있습니다. 따라서 우리는 자기 자신의 기원
이 될 필요가 없습니다. 우리는 자아 창조자가 되려고 노력할 필요
가 없습니다. 우리가 애써 노력할 필요 없이, 우리를 존재하게 하고
또 존재 속에서 우리를 붙들어 주는 인정의 차원이 있습니다.

　의존성과 자율성을 다루는 이 첫 번째 영역에서 종교적 믿음
과 종교적 언어의 한 가지 제안은 이것입니다. 즉 우리는 능력을
받고, 해방되어, 조건 없이 인정해 주는 근원에 의존해 있음을 시
인함으로써, 우리가 행사할 수 있는 변혁의 능력을 사용한다는 것
입니다. 나는 특별히 그리스도교 언어 및 교리와 관련하여 이것의
변형된 형태를 제시했습니다. 우리는 다른 종교의 맥락에서 이것
이 어떤 의미인지 더 길게 다룰 수 있겠지만, 이 주제는 다양한 옷
을 입고 신앙 고백의 경계선을 상당히 폭넓게 넘나듭니다(꼭 첨언
할 말이 있습니다. 나는 "모든 종교는 똑같은 내용을 말한다"고 주장하
지 않습니다. 다만 인간 문화의 이야기 속에서 정체성 혹은 자기 이해의
전반적인 종교적 형태를 특징짓는 몇 가지 내용을 주목하고 알아내려고
시도하고 있을 뿐입니다).

욕망의 교화

이제 두 번째 중요한 주제에 관해 살펴보겠습니다. 욕망(passion)은 그리스도교와 불교의 용례에서 공통적으로 아주 구체적인 연상 작용을 낳습니다. 욕망이란 단지 감정이나 충동의 문제가 아닙니다. 특히 4세기부터 8세기까지 그리스도교 세계의 수덕(修德) 문헌에서 (그리고 실은 동구 그리스도교 세계에서 훨씬 오랫동안) 분석되고 논의되었듯이, 욕망이란 적절하거나 풍요로운 자아 상태의 방해물로, 외부의 자극에 대한 부적절한 반응과 관련되어 있습니다. 4세기 말에 대 에바그리우스(the great Evagrius)의 말처럼, 우리는 우리가 처한 환경의 자극에 고취되어 다양한 방식으로 반응할 수 있습니다. 어떤 것은 인간적이고, 어떤 것은 악마적이며, 어떤 것은 천사적이거나 신적입니다. 인간적인 반응은 실용적·탐구적이고, 악마적인 반응은 환경을 지배하여 오로지 자아의 목적에 맞추어 변환시키려고 애쓰며, 치유되고 구속된 반응은 우리 주변에 있는 것을 우리의 사적 목적에 봉사하도록 만들려고 애쓰지 않고 그 자체의 권리와 존엄성 속에서 다룹니다. 여기서 욕망은 악마적 반응이지요. 환경에 대한 이러한 반응은 단지 소유하고 거두어들이는 데만 관심을 둘 뿐, 존재하는 것을 그 자체의 권리 속에서, 그 자체의 차원 속에서 보지 못합니다.

교화되지 못한 욕망은 여러 가지 방법으로 우리의 '비자유'(unfreedom), 우리의 도덕적·영적 예속을 확증해 줄 수 있습니다. 우리의 동기에 순응함으로써, "이것들은 내가 가진 충동이고, 따라서 성취되어야 해. 내가 욕망을 성찰하고, 평가하고, 분별하고, 그 가운데서 선별할 필요는 없어. 욕망은 그냥 존재하니까"라고 말함으로써, 우리의 어깨에서 지적 선택의 부담을 덜어 내려는 것은 엄청난 유혹입니다. 검증되지 않은 충동적 삶에 호소함으로써 선택의 부담을 덜어 내려는 것은 우리가 직면한 명백한 유혹 가운데 하나이고, 다양한 형태의 신경학적 결정론에서 그 현대적 형태를 찾을 수 있습니다. "나는 결코 선택하지 않아. 이것은 내 안에서 일어나는 거야. 나는 행동하지 않아. 그냥 일어날 뿐이야." 검증되지 않은 무비판적 욕망과 마찬가지로, 이렇듯 우리의 필요와 욕구의 절대적 필연성을 가정하는 것은, 잠정적으로 타자에 맞서 옹호되어야 하는 자아 지향적인 강고한 의제를 우리에게 제공합니다.

고전적 그리스도교 전통에서 사용하는 '욕망'이라는 단어의 의미를 요약해야 한다면, 내가 보기에 이 단어는 두 가지를 지칭하는 것 같습니다. 즉 무비판적으로 자아를 인정하고, 그 자아를 투쟁과 경쟁 상태에 두는 것입니다. 주요 종교 전통—특히 불교와 그리스도교—은 욕망의 진단과 함께 교육, 곧 단순히 욕망을 제거

'욕망'은 무비판적으로 자아를 인정하고, 그 자아를 투쟁과 경쟁 상태에 두는 것을 의미한다.

하지 않고 이해하여 욕망을 교화하는 길을 제시합니다. 그런데 이러한 이해는 욕망의 삶이 무엇에 **봉사하는지**, 그 목적과 결과물이 무엇인지에 대한 분별과 깊은 관련이 있습니다. 따라서 우리의 반사 행동, 세상에 대한 '격렬한' 반응을 검토함으로써, 우리는 이러한 반사 행동의 목적이 무엇인지 발견하고, 이로써 일부 욕망의 힘을 경합과 투쟁과 경쟁의 세계로부터 돌려놓는 더 나은 방법을 이해할 수 있을 것입니다.

4세기와 8세기 사이 고전적인 영적 성찰의 시기에 그리스도인들이 아파테이아(apatheia)가 그리스도교의 이상이라고 이야기했을 때, 그들은 특별히 '무관심'(apathy)을 의미하지 않았습니다. 심지어 충동적인 삶 자체의 완전한 부재를 의미하지도 않았습니다. 그들이 생각하고 있던 상태는, 여러분이 자신의 반사 행동과 반응을 인식하고 그것들을 충분히 고려하여, 순전한 자기보호나 소유욕에 물들지 않은 목표에 이르는 길을 감지하는 것이었습니다. 이 전통 안에는 간혹 다른 욕망을 약화시키기 위해 욕망을 적절하게 사용하는 것에 관한 내용이 많습니다. 여러분은 거기서 일부 반응의 과도한 힘이나 심지어 상대적인 폭력이 다른 이기적이고 충동적인 행동을 끊어 내는 데 활용될 수 있음을 발견할 수 있습니다. 하지만 이런 내용은 여기서 필요한 것보다 훨씬 상세히 파고드는 것입니다. 핵심은 이것입니다. 진단이 있고, 교육이 있습니다. 우리가 환경 속에서 어떻게 반응하는지 인식할 가능성, 그리고 그 반응을 지적으로 재형성할 가능성이 있습니다.

불교 사상 세계로 시선을 돌리면, 당연히 그 범주는 지극히 상이합니다. 하지만 몇 가지 동일한 쟁점을 확인할 수 있습니다. 불교인의 견지에서, 여러분의 반응은 물론이고 여러분이 관여된 **모든** 지적·육체적 행동이 지닌 철저히 조건적인 특성을 인식할 때, 여러분은 해탈에 이릅니다. 세계 속에 다른 종류의 공간을 창조하기 위해, 자기를 강화하는 강고한 말과 사고를 해소하는 것이 지혜의 시작입니다. 특히 일부 불교 전통에서 이것은 소위 자비에서 드러납니다. 욕망에 대한 정밀 조사와 교화는 종교적 정체성이 인간 정체성에 대해 무언가 독특한 말을 갖고 있는 두 번째 영역이 됩니다. 이로써 나타나는 독특한 형태의 인간 정체성은 구체적이고 다양한 내러티브에 근거해 있지만, 그와 동시에 그 작동 방식에서 비교문화적 공통점을 갖는 관습과 이미지로 표현됩니다.

시간의 경과

세 번째 영역은 다소 덜 명확할 수 있습니다. 나는 **시간**, 그리고 시간의 경과를 대하는 태도가 독특한 종교적 행동의 심오한 특징이라고 주장하고자 합니다. 믿음의 사람들은 달력과 함께 살아갑니다. 여러분이 알다시피, 학교 종교 교육에서 무엇을 가르쳐야 할지 확신이 서지 않을 때 가장 쉽게 생각할 수 있는 것 중 하나가 아이들에게 절기를 가르치는 것입니다. 물론 이런 교육이 가끔 흥미 위주에다 실효성이 떨어질 수 있지만, 그 배후의 동기가 완전히 잘못된 것은 아닙니다. 종교 공동체가 자신들의 시간을 어떻게 사용하는지는 중차대한 주제입니다. 시간은 미분화 상태가 아닙니다. 즉 시간의 경과가 중요성을 갖는다고 여겨지도록 표시됩니다. 따라서 시간의 경과는 그저 습득(재산 습득, 권력 습득, 안전 습득)의 궤적이 아닙니다. 시간의 경과는 이를테면 반복적인 의미의 축적과 관련을 맺기에 이릅니다. 상징적 근원으로 돌아가 여러분이 거주하는 우주의 특징, 여러분 자신의 특징을 재발견하고, 현재의 구체적인 경험과 종교 공동체의 언어와 관습 속에 표현된 정기적이거나 규칙적인 꾸준한 패턴을 다시 연결시키는 것이지요. 여러분은 찬양과 기념행사를 통해 관습과 이야기로 계속 되돌아갑니다. 따라서 시간은 단지 순환적인 것도 아니고 선형적인 것

도 아닙니다. 시간은 움직이고, 여러분은 변합니다. 그와 함께 시
간의 경과 속에서 습득한 이해를 재발견하고 확장하기 위해 여러
분은 무언가로 **되돌아갑니다**. 그리고 이 모든 것이 더해져, 습득의
궤적을 계속 유지하기 위해 가능한 한 강하게 압박해야 하는 한정
상품(혹은 어떤 종류의 상품)이 시간
이라는 생각은 완전히 사라지고 맙
니다. 시간은 복합적이고 풍요로운
선물입니다. 시간은 우리가 성장하
고 전진할 뿐만 아니라, 건설적으로
되돌아가 우리 자신에게 재공급해
주는—말 그대로 근원으로 다시 돌
아가게 하는—매개체입니다.

> 시간은 복합적이고 풍요로운
> 선물로, 우리가 성장하고 전
> 진할 뿐만 아니라, 건설적으
> 로 되돌아가 우리 자신에게
> 재공급해 주는—말 그대로 근
> 원으로 다시 돌아가게 하는—
> 매개체다.

　우리가 인간의 일과 인간의 행복을 어떻게 다루는지, 그리고
우리가 행동과 인간적 참여 속에서 어떻게 생산적인 리듬을 배양
할 수 있는지에 관한 심오한 함의가 여기에 있습니다. 점차 더 엄
격하고 완고한 세속적 환경의 표식 중 하나가 미분화된 시간 개
념입니다. 고도로 자본주의화된 사회에서 주말 따위는 존재하지
않습니다. 이런 식의 세속주의의 문제점은 하나님의 존재에 대한
부정이라기보다는 여가—시장에 봉사하는 데 사용되지 않은 시간
—의 가능성에 대한 부정입니다. 다시 말해, 특별히 소유에 집착

하고 목적에 열중하는 사고방식의 견지에서 볼 때, 시간의 경과는 다름 아닌 희귀하고 값진 상품이 사라지는 것이고, 모든 순간은 가능한 한 최대의 결과를 낳도록 만들어져야 하고, 따라서 여러분은 중단할 수 없습니다. 시간 경과에 대한 이런 식의 세속적 이해는, 본질적으로 종교적인 사고방식과 본질적으로 반종교적인 사고방식 사이에 가장 공개적인 충돌이 일어나는 영역 가운데 하나일 것입니다. 그리고 내 생각에, 이것은 우리가 들어 보지 못한 시간의 이야기 가운데 하나입니다. 우리는 정말 근본적인 충돌이 형이상학이나 윤리를 중심으로 일어난다고 상상하는 경우가 대단히 많습니다. 그런데 특히 중요한 또 하나의 영역이 있는데, 그것은 우리가 살고 있는 시간, 우리가 사용하는 시간―그리고 실은 우리가 '허비하는' 시간―을 다루는 방식입니다.

유한성의 수용

지금까지 우리가 숙고해 온 세 가지 주제―자율성을 위한 몸부림, 검증되지 않거나 무비판적인 욕망의 유혹, 그리고 시간에 대한 절박감―는 모든 것 중에 가장 심오한 문제로 수렴됩니다. 즉 우리가 죽음을 대할 때 느끼는 불안과 유한성(mortality)을 받아들이지 않는 거리낌입니다.

우리가 유한하다는 사실은 우리가 계획하는 **모든** 일에 한계
가 있음을 뜻합니다. 이 절대적 한계와 관련해서 타협 불가능한
요소가 있고, 그런 점에서 전능한 자아라는 온갖 환상이나 허구에
대한 궁극적 도전이 여기에 있습니다. 유한성에 대한 저항—어니
스트 베커의 가장 유명한 책 제목대로, '죽음의 부정'—은 최악의 권
력 병리학으로 우리를 데려갑니다. 즉 궁극적 한계, 우리가 죽을
것이라는 사실에 저항하는 상상 속 권력입니다.[2] 유한성에 대한
인식은 이런저런 방식으로 우리가 살펴 온 다른 모든 주제를 관
통하고 있습니다. 유한성에 대해 인식하기를 부정하는 것은 파괴
적인 거짓 권력 모델로 우리를 돌아가게 하기 때문입니다. 고유한
종교적 반응은 눈앞의 상황을 주시하면서 장기적 미래를 감내하
는 균형을 갖추는 것입니다. 성공회 찬송은 "그대가 잘못 보낸 지
난 시간을 구속하고, 오늘이 '그대의 마지막 날'인 듯 살라"고 고
백합니다.[3] 다시 말해, 즉시 해야 할 일에 대한 주시, 동시에 장기
적인 한계와 유한성의 수용, 이 두 가지에서 성장하고 참여하라고
우리에게 요구합니다. 이는 상상 속 미래를 위해 현재를 주시하는
측면이 약화되는 것과 무관합니다(물론 "우리는 죽을 테니, 이에 대
비해야 한다"는 말을 바람직하지 않게 보기도 하지만 말입니다).

우리가 이번 장에서 탐구해 온 네 가지 주제를 요약해 보겠습니다. 우리는 지금까지 의존성과 자유를 수용함으로써, 충동적인 삶에서 정직과 훈련의 필요성을 받아들임으로써, 시간의 경과를 (단지 채워져야 할 미분화된 연속체가 아니라) 상징적이고 복합적인 것으로 기꺼이 봄으로써, 그리고 유한성이 부과한 궁극적 한계를 인식함으로써 성숙한 인간이 된다는 사실에 대해 생각해 보았습니다.

무기력하지 않는 의존, 자기비판에 일조하는 자유, 제의(ritual)에서의 인내심과 해석력, 그리고 죽음 앞에서 불안의 제거, 이 가운데 어느 것 하나 혹은 전부가 부재할 때, 인간 공동체 안의 역기능과 개인 안의 역기능의 원인이 될 수 있습니다. 즉 모든 형태의 의존에 맞서 반항하는 사람들, 자신에 대한 의문 혹은 자기비판 개념을 견딜 수 없는 사람들, 시간을 채워져야만 하는 어떤 것으로 대하려고 하는 사람들, 자신의 유한성을 부정하는 사람들입니다. 그런데 이 모든 말에도 불구하고, 이러한 영성적 삶의 네 가지 중심 '계절'은 모두가 종교적 관용어에서, 종교적 수사와 체계 속에서 왜곡되고 오인될 가능성이 있습니다. 우리가 이 네 가지에 대해 긍정적으로 이야기하려고 할 때, 부정적인 요소 역시 작동할 수 있음을 인식하는 것이 중요합니다.

다른 방식으로 표현해 보겠습니다. 내가 지적한 '무기력하지 않는 의존'은 유아증으로 대체될 수 있습니다. 즉 의존이 능력과 자

유를 준다는 생각에서 단절되어, 의존 그 자체를 위해 의존을 사랑
하는 것이지요. 제도와 권위, 종교 제도와 권위는 (여러분이 주의하
지 않을 경우) 고도의 공동체 유아기로 퇴행할 수 있습니다. 또한 무
기력하지 않는 의존이 상당히 힘겨운 사람들(우리는 대부분, 거의 모
든 시간에 이렇습니다)은 가끔 유아기 퇴행을 환영하기도 합니다.

　고전적 전통의 양상이 제시한 대로 욕망을 대하는 비판적이
고 건설적인 접근 대신, 다시 우리는 정서적 퇴행으로 도피할 수
있습니다. 우리는 감정보다 의지를 중시할 수 있습니다. 우리의
결단이 위험하거나 통제 불가능하거나 예측 불가능한 충동을 통
제할 수 있을 것이라고 희망하면서 말이지요. 하지만 이것은 결코
고전적 욕망 논의의 핵심이 아닙니다.

　우리는 시간 제의의 창조적이고 건설적인 활용을 의식주의
(ritualism)와 변화에 대한 두려움으로 바꾸어 놓을 수 있습니다.
끊임없는 누적적 재발견을 위해 우리에게 주어진 시간의 신성함
을 인식하는 대신 말이지요.

　그리고 당연히 종교적 언어는, 부분적으로 신의 심판에 대한
이런저런 논의를 통해, 죽음 앞에서 느끼는 불안을 갱신하고 강화
하는 그 이상의 일을 할 수 있습니다. 죽음 이후에 오는 것 때문에
죽음을 두려워할 온갖 이유가 여러분에게 생깁니다. 또한 종교적
언어는 현실의 인간적 압력과 결정을 넘어 저 먼 상상 속 미래에

일어날 위로와 신원을 위해 현재를 등한시하도록 여러분을 부추길 수도 있습니다.

　지금까지 우리가 숙고해 온 바, 종교적으로 형성된 인간 번영의 이러한 모든 측면이 사실상 완전히 뒤집혀 이런 식으로 왜곡될 가능성이 있습니다. 이러한 왜곡, 내가 요약하고자 한 본질상 건설적이고 번영적인 모델을 이런 식으로 뒤집는 조작을 피하고자 한다면, 우리가 해야 할 일이 있습니다. 바로 하나님께 대한 인간의 의존의 핵심 의미에 대해, 그리고 **하나님**께 대한 의존이 여러분과 비슷한 다른 사람에게 굴복하는 것과 근본적으로 얼마나 다른지 성찰하는 것입니다. 하나님께 의존하는 것은 권력을 위한 분투를 상실하는 것, 여러분의 통제력을 상실하는 것, 여러분의 자율성을 상실하는 것과는 극히 다릅니다. 다른 인간 주체에게 무조건 의존하는 것은 억압적이고 비인간적인 관계 패턴의 위험에 깊숙이 휘말리는 것입니다. 내가 간추려 서술한 맥락에서, 하나님께 의존하는 것은 다름 아닌 이것으로부터 벗어나는 것이지요. 하나님은 탐욕스럽게 통제하는 또 하나의 자아가 아니십니다. 마찬가지로, 욕망에서 벗어나는 자유 '아파테이아'는 '초자연'을 위해 자연을 포기하는 것이 아니라, 자기 자신에 대한 관점을 배우고, 이 과정에서 정당한 의지의 활동과 잘못된 활동을 배우며, 세계에 대한 자기 지향적 반응이 우리로 하여금 실재를 보지 못하게 가로막는 여러 가지 방식을 간파하고, 이로써 우리의 시야가 정화되고 또한 행동과 관계의 가능성이 변화되고 확장되도록 하는 것입니다.

우리가 하나님의 '문법', **하나님**에 관해 이야기하는 방식에 대해 보다 명료한 관점을 얻는 것은, 하나님에 관한 우리 말의 명료화 및 정화와 관련이 있을 뿐만 아니라, 또한 결정적으로 우리 자신에 관한 말의 정화와도 관련이 있습니다. 여기에 비추어 자신을 새롭게 보는 것과 하나님에 관해 이야기하는 문법을 익히는 것은, 절대적으로 또한 불가피하게 얽혀 있습니다. 따라서 종교적 헌신이 단지 일련의 마음 상태─대개 '비합리적인' 마음 상태라고 여겨지는─를 갖는 것 이상이라는 인식을 회복하려면, 우리는 종교적인 사람들이 인간의 번영에 대해 어떻게 이야기하는지를 재조명해 봐야 합니다. 신앙의 관행에서 나타나고 있는 '인간의 얼굴'은 무엇인가? 이것은 우리 현대세계의 습성에 대해 점차 많이 제기되는 질문입니다. 자본주의가 인간의 심리에 미치는 영향에 대한 세넷의 중요한 연구는 이런 질문을 제기했습니다. "현재 지구촌 시장의 관행은 어떤 종류의 인간을 전제하고, 또 어떤 종류의 인간을 양성하는가?" 덧붙여, "그는 우리가 객차에서 함께 만나고 싶은 그런 사람인가?"[4] 그런데 이 질문은 모든 종교적 관행이나 습관, 체제에 동일하게 적용됩니다. 어떤 종류의 인간의 얼굴이 드러나고 있는가? 이 상황에서, 이 언어를 통해, 어떤 종류의 인간성이 교육되고 양성되고 계발되고 있는가?

이 대목에서 종교적 헌신을 공유하지 않은 이들이 제기하는 종교 비판이 아주 중요한 의미를 갖습니다. 단도직입적으로 말해서, 타인의 눈에 자신들이 어떻게 비치는지 아는 것은 모든 종교인에게 매우 중요합니다. 그들의 비판은 공정하거나 타당하거나 포괄적이지 않을 것입니다. 하지만 최상의 비판을 기대하지 못하더라도, 신앙의 관행에서 실제 어떤 '얼굴'이 나타나고 있는지 파악하는 것은 중요합니다. 이러한 형태의 생활과 사고, 상상력에 의해 형성된 성숙한 인간 주체가 어떤 모습인지 파악하려고 애쓰는 이런 활동, 이런 도전은 종교 공동체의 행복은 물론이고 인류 공동체의 행복을 위한 동력과 성찰의 초점이 됩니다(나는 믿음의 사람들이 왜 진지하게 **우리의** 인간성은 어떤 모습인가?"라고 자주 질문하지 않는지 의문이 듭니다). 물론 우리는 계속 반복해서 그 대답을 충분히 오래 기다리지 못했지만 말입니다.

> 타인의 눈에 자신들이 어떻게 비치는지 아는 것은 모든 종교인에게 매우 중요하다.

내가 이번 장에서 여러분 앞에 제시하려고 애쓴 것은, 가장 풍성한 의미에서 인간의 번영에 기여한다고 내가 믿고 있고, 특정한 믿음의 전제에 의해 양성되고 고취되고 가능해진 몇 가지 내

용입니다. 앞서 나는 '모든 믿음은 동일한 것을 말한다'고 말하는
방향으로 치닫고 싶지 않다고 말했습니다. 대충 얼버무릴 수 없는
확고한 교리적 차이가 **실제로** 존재하고, 우리가 무시할 수 없는
문화적 내재성의 양식이 존재합니다. 하지만 나는 믿습니다. 인간
의 형성 과정에 집중하면서 믿음의 습관이 드러내는 인간의 얼굴
이 어떤 종류인지 함께 질문하는 종교 간 대화를 위해 무언가 덧
붙일 말이 있다고 말입니다.

5

침묵과 인간의 성숙

사람의 연약한 두뇌가 지존하신 분이 행하신 일을 깊이 파고드는 것은 위험천만한 일이다. 물론 그분을 아는 것이 생명이고 그분의 이름을 부르는 것이 기쁨이지만, 가장 건전한 앎은 우리가 그분을 있는 그대로 알지 못하고 알 수도 없음을 아는 것이다. 하나님에 대한 우리의 가장 안전한 웅변은 침묵이다. 그분은 위에 계시고 우리는 땅 위에 있고, 따라서 우리의 말을 경계하면서 적게 말하는 게 온당하다(리처드 후커).[1]

침묵에 대한 이야기는 항상 어색하게 느껴집니다. 침묵에 대한 이야기는 역설처럼 보입니다. 우리는 시작도 하기 전에 얼어붙습니다. 그런데 이때야말로 시작하기에 아주 적절한 때입니다. 즉 침묵에 대한 **이야기**가 처음부터 약간 어리석은 일임을 알 때, 우리는 우리가 하는 말을 폭넓게 볼 수 있습니다. 침묵에 대해 이야기하려는 시도 자체의 기이함은 말과 침묵의 관계가 무엇인지 상

121

기시켜 줍니다. 이런 말을 하는 것은, 이번 장에서 내가 논하려는 내용에 대한 일종의 일반적 유해 경고입니다. 나는 우리가 일상생활 가운데 어디에서 어떻게 침묵과 마주치는지, 이런 여러 마주침의 의미가 무엇인지, 그리고 이런 마주침은 침묵이 성경 혹은 이야기에서 우리에게 나타나는 방식과 어떤 관련이 있는지 생각해 보고 싶습니다. 이 과정에서 우리가 침묵 속으로 더 깊이 들어갈 수 있는 방법에 대해 몇 가지 조심스러운 조언이 나올 것입니다.

침묵이 엄습할 때

침묵이 우리를 엄습하는 세 가지 경험에서 시작해 보겠습니다. 그중 하나는 다소 유쾌하고, 또 하나는 전혀 유쾌하지 않으며, 나머지 하나는 그 중간 어디엔가 있습니다. 언젠가 이런 말을 누군가에게 한 번쯤 들어 보았을 것입니다. "마음속에 있는 것을 그냥 내게 말해 봐." 또는 더욱 난감하게, "그냥 솔직해지면 돼." 그런데 이런 말에 대해 아주 공통된 한 가지 반응은 더할 나위 없는 모호함입니다. "마음속에 있는 것을 그냥 내게 말해 봐"는 그야말로 마음을 터놓지 못하게 만드는 뜬구름 잡는 소리지요. 또한 인터뷰나 피곤한 행사 전에 종종 사람들에게 유용한 조언으로 던지는 "그냥 솔직해지면 돼"의 경우, 이런 말이야말로 두세 배의 스트레스를 유발한다고 봅니다. 로마가톨릭 학자이자 문필가인 로널드 녹스(Ronald Knox)는 이런 말을 했습니다. 어떤 사람이 어떤 상황에서 "냉정을 되찾으라"고 말했을 때, 그의 대답은 "그런 게 내게 있는지 모르겠다"였다고 합니다. 마찬가지로 누군가가 여러분에게 솔직해지라고 말할 때, 문제는 "글쎄, 나 자신이 누구인가?"입니다. 이것은 침묵이 우리를 엄습하는 한 가지 경험입니다.

그보다 사소하지 않지만 훨씬 일반적인 또 다른 경험도 있습니다. 바로 "검사 결과 양성입니다" 혹은 무엇이든 여러분이 이것과 연결시킬 수 있는 말을 들은 후 오는 침묵입니다. 감당할 수 없이 비극적이고, 감당할 수 없이 일상생활을 뒤흔드는 어떤 일. 치명적인 질병에 걸렸다는 의사의 진단일 수도 있고, 아니면 이혼 절차를 밟고 있는 한 친구와의 통화일 수도 있습니다. 텔레비전과 신문을 쇄도하는 세계 여러 곳의 충격적이고 악몽같은 장면을 목격하고 있을 수도 있습니다. 이것은 우리 자신, 우리의 '진짜 자신'을 표현하지 못하는 무능이 아니라, 통제를 완전히 벗어나 있는 것처럼 보이는 현실에 대체 어떻게 **반응**해야 할지 모르는 우리의 무능과 함께 오는 침묵입니다.

이제 항상 나의 흥미를 자아내는 세 번째 종류의 침묵이 있습니다. 정말 훌륭한 연주나 콘서트 마지막의 침묵, 박수갈채가 터지기 전의 정적이지요. 여러분은 대부분 이에 버금가는 경험을 해보았을 것입니다. 여러분은 국립 극장에서 사이먼 러셀 빌(Simon Russell Beale)의 연극 「리어 왕」을 감상하거나, 교회 홀에서 열리는 상당히 일상적인 콘서트 연주에 참석합니다. 그런데 맨 마지막에 무엇인가가 이렇게 말하게 만듭니다. '나는 이 느낌을 너무 빨리 정리하지 않을 거야. 약간의 공간을 두어 이 느낌이 그대로 이어지게 하고 성급하게 반응하지 말자.' 그래서 침묵이 이어지고, 그 뒤 조만간 어떤 용감한 사람이 (혹은 감독이나 지휘자가 지시한 어떤 사람이) 박수갈채를 시작하고, 그러자 약간의 안도감과 함께, 정상 상태 비슷한 게 다시 찾아옵니다.

나는 이 모든 경험에 공통점이 있다고 생각합니다. 즉 이런 경험은 상황을 감당하고 통제하려는 우리의 충동에 도전합니다. 우리가 상황을 감당하려고 애쓰는 한 가지 분명한 방법은 이야기를 통해서입니다. 내가 처음에 언급한 그런 종류의 피곤한 경험("마음속에 있는 것을 그냥 내게 말해 봐", "그냥 솔직해지면 돼")이 침묵을 낳을 수도 있지만, 동시에 어떤 사람들 안에 끝없이 흐르는 수다를 낳을 수도 있음을 우리 모두 압니다. 우리는 말을 통해 상황의 도전을 정복합니다. 그리고 우리가 만난 어떤 일 때문에 이런저런 방식으로 충격을 받아 길을 잃고 곤경에 빠졌을 때, "나는 이 상황에 대처할 수 없어", "나는 깔끔하게 정리할 수 없어"라고 말하기가 얼마나 어려운지요. 침묵은 능력 부족을 인정하는 것과 관련이

> 침묵은 능력 부족을 인정하는 것과 관련이 있다.

있습니다. 이것은 그 자체로 상당히 복잡한 개념이기 때문에, 잠시 후 다시 이 문제로 돌아오겠습니다.

하지만 여러분은 또 다른 방식으로 표현하면서 이렇게 말할 수 있습니다. "나는 이것을 도무지 감당할 수 없어" 의사의 진료실에서 들은 말을 놓고 생각할 때, '나는 죽을 것이다', 혹은 '내가 사랑하는 어떤 사람이 죽을 것이다'라는 소식을 내가 어떻게 **감당**할까요? 또한 정말 진지한 연극이나 콘서트 마지막에 내 안에 있다는 것조차 몰랐던 곳으로 이끌려 갔을 때, 다시 나는 '이것을 **감당**할 수 없어', '나의 평범한 세상 속 존재 방식으로는 받아들일 수 없어'라고 느낍니다. 나는 안전지대 밖으로 이끌려 나갔고, 보통 나 자신을 옹호하고 내가 사는 세계를 정리할 때 사용하던 방식을 빼앗기고 말았습니다. 나는 십자가의 성 요한(St John of the Cross)이 언젠가 했던 유명한 말처럼 "허공에 매달린" 상태,[2] 우리의 일상 언어로 말하자면 '망연자실한' 상태에 처합니다. 내 안에서 그 상황을 받아들일 수 없을뿐더러, 이 순간의 낯섦에서 벗어날 방법도 없습니다. 그런 이유로 나는 이런 침묵의 순간, 침묵

이 우리를 엄습하는 순간이 우리의 인간성 전반을 위해서는 물론이고, 특히 그리스도인의 인간성을 위해서 대단히 중요하다고 믿습니다. 이런 순간이 인간성 전반을 위해 중요한 이유가 있습니다. 그것은 우리가 늘 살고 있는 세상에서 결정적인 순간에 우리가 해야 할 '올바른 일'이란 더 이상 비판적이 되지 않는 것이기 때문입니다. 야생 동물에게 해야 할 올바른 일은 말하자면 길들이는 것이고, 모든 '야생' 경험에 대해 해야 할 올바른 일은 내가 그것으로 할 수 있는 일, 내가 그것을 이용할 수 있는 일을 고안해 내는 것입니다. 한마디로, 익숙해지는 것이지요.

침묵과 인간의 성장

하지만 우리의 인간성이 이렇듯 익숙해짐과 받아들임, 통제 개념을 좋아할수록, 우리는 사실 덜 인간다워집니다. 우리가 오랜 시간을 가장 함께 보내고 싶지 않은 사람은 모든 질문에 대한 대답과 온갖 우발 상황에 대비한 계획을 갖고 있는 사람이라고 나는 감히 추정합니다. 여기에는 무언가 비인간적 요소가 있습니다. 우리의 인간성이 끊임없이 성장한다고 믿는다면, 우리에게 익숙한 것과 통제 가능한 것을 넘어서는 순간이 있어야 하기 때문입니다.

성장하는 인간, 성숙해 가는 인간은, 중요한 순간에 "나는 이것을 감당할 수 없어"라고 말할 준비가 되어 있어서 침묵할 준비를 갖춘 사람입니다. 물론 힘든 일이겠지요. 확신컨대, 침묵 피정에서 여러분 자신이나 그룹 안의 다른 사람이 침묵을 '일상화'하기 위해 할 수 있는 말이 전혀 없다는 사실에 점점 더 불안해하는 모습을 지켜본 사람이 나만은 아닐 것입니다(내가 기억하는 어떤 피정에서, 한 불운한 그룹 멤버는 침묵 식사를 견딜 수 없었습니다. 그는 급히 음식을 입에 털어 넣고, 불안한 눈으로 주위를 바라본 뒤 방에서 뛰쳐나갔습니다). 침묵을 일상화하지 못하는 데에는 무언가 경종을 울리는 요소가 있습니다. 그럼에도 불구하고 우리가 성장하려면, 우리는 일상을 **벗어난** 것(extra-ordinary)에 대처하는 법을 익히고 언제나 계속 움직일 준비를 갖추어야 합니다. 그리고 이것이 바로 여러분이 인간성 전반에 대해 해야 할 말입니다. 신앙생활에 대해 여러분이 해야 할 말이라는 점은 두말할 필요도 없겠지요. 분명 신앙생활에 어떤 의미가 있다면, 대개 마지못해서이기는 하지만 우리가 특별해지는(becoming extraordinary) 삶이기 때문입니다.

우리 모두가 알다시피, 그리스도인들은 흔히 아주 특별한 사람들입니다. 물론 크게 칭찬하는 의미는 아닙니다. 핵심은 이것입니다. 하나님 덕분에, 이렇듯 성장하려는 끊임없는 충동에 의해,

> 하나님 덕분에, 우리 인간성의
> 소박한 산문은 시로 바뀐다.

우리 인간성의 소박한 산문은 시로 바뀝니다. 하나님이야말로 결코 그 근원을 알 수 없고, 통제하지 못하며, 아무리 애써도 이루 다 헤아리지 못할 환경 자체요, 만남 자체이십니다. 그것은 하나님은 하나님이시고, 우리는 하나님이 만들고 사랑하고 정성을 쏟으시는 존재이기 때문입니다. 따라서 인간다움의 핵심에 침묵과 관련된 어떤 요소가 깊숙이 자리 잡고 있음을 이해할 때에야 비로소 열리기 시작하는 인식이 있습니다. 그리스도인이 되기 위해서는, 침묵이 우리에게 엄습하는 그 순간, 우리가 통제할 수 없는 것에 맞닥뜨리는 그 순간을 받아들이려고 애쓰는 것보다 더 많은 것이 우리에게 필요하다는 인식입니다.

당연히 사람들은 침묵에 맞닥뜨릴 때 두려움을 느낍니다. 이상하게도 나이와 경륜이 쌓여 겉보기에 성숙할수록 침묵이 훨씬 어려울 수 있습니다. 나는 초등학교 아이들을 위한 묵상 모임에 참여했다가 아이들이 침묵하는 것을 두려워하지 않는 것을 보고 깊은 감명을 받은 적이 여러 번 있습니다. 아이들은 여러 가지 면에서 침묵이 어렵다고 느끼지만, 나는 그들이 침묵이 두렵다고 말하는 것을 들어 본 적이 없습니다. 반면 우리 중 나이 들고 지혜로운 사람들에게 침묵은 가장 자주 견뎌 내야 하는 일 가운데 하나입니다. 앞서 암시했듯이, 침묵은 상당 부분 권력 및 권력의 상실과 관련이 있고, 또한 이것은 분명 양날의 검입니다. 어떤 사람은 우리가 이 부분에서 아주 주의해야 한다고 상당히 힘주어 말했습니다. 우리는 **침묵당한** 사람들을 생각해야 합니다. 다시 말해, 누군가가 그들의 입을 막았기 때문에 힘을 잃어버린 사람들 말입니다. 세라 메이틀런드(Sara Maitland)의 훌륭한 『침묵의 책』(Book of Silence)에는 그의 친구 자넷 베슬리어가 보낸 한 편지가 실려 있습니다. 그의 주장에 따르면, 사실 침묵은 항상 누군가가 **침묵당하고 있음**을 의미하기 때문에 '말'이야말로 자유의 시작인 것입니다.³ 자넷은 침묵이 오염될 수 있다는 사실을 길고 아주 열정적으로 지적합니다. 1960년대 사이먼 앤 가펑클(Simon and Garfunkel)의 훌륭한 노래 「침묵의 소리」에서 여러분이 기억하듯, "침묵은 암덩이처럼 자라납니다."

하지만 아무리 타당한 근거가 있다 해도, 내 생각에 이것은 길을 잘못 든 논의입니다. 나는 여기서 지적하는 바가 무엇인지 이해하고 있습니다. 즉 사람들의 소리가 침묵당할 때, 이는 아주 심각한 문제입니다. 당연히 그것은 엄청난 권력 행사입니다. 만일 내가 여러분의 말을 듣고 싶지 않다고 말한다면, 나는 여기서 무엇이 중요한지 지적하고 있는 셈입니다. 하지만 이것은 내가 시작하면서 다룬 그런 상황에서 나오는 침묵, 즉 어느 누구도 여러분을 침묵시키거나 여러분의 목소리를 앗아 가려고 **시도하지** 않지만 어쨌든 무언가가 여러분을 엄습하여 할 말을 완전히 잃게 만드는 전반적인 상황—여러분이 누구인지 난감했던 경험, 죽음과 고통의 경험, 특별한 깊이와 아름다움의 경험—에서 나오는 침묵과는 사뭇 다릅니다. 만일 우리가 이런 것들 앞에서 침묵한다면, 그것은 누군가가 우리의 입을 **막았기** 때문이 아닙니다. 사실 여러분은 정반대라고 말할 것입니다. 우리가 **열렸기** 때문이라고 말이지요. 그리고 여기서 등장하는 침묵은 무언의 분노, 누군가가 내 목소리를 빼앗아 가는 억압으로 인한 침묵이 아닙니다. 이것은 권력이 있든 없든, 모든 인간이 통제하고 감당할 수 없는 것에 맞닥뜨리면서 공유하는 어떤 요소에 대한 인식입니다. **나는** 말하고 **여러분은** 침묵하는 것이 아니라, 이렇듯 심오하고 난해한 인간다움의 측면 앞에서 맛보는 **모든 사람**의 침묵입니다. 그리고 당연히 궁극적으로 결코 감당할 수 없는 분, 바로 하나님 앞에서 맛보는 모든 사람의 침묵입니다.

그리스도의 침묵

나는 이제 신약성경이 의미심장한 침묵을 묘사하는 두 가지 방식으로 시선을 돌리려고 합니다. 성경에서 가장 극적인 순간 중 하나는 예수님이 재판관 앞에서, 대제사장과 총독 앞에서 보이신 침묵입니다. 복음서 내러티브는 대제사장 혹은 본디오 빌라도가 예수께 말할 것을 재촉하는 장면을 보여줍니다. 빌라도는 이렇게 말합니다. "왜 아무 대답도 없느냐? 내가 너를 놓아줄 권한도 있고 십자가에 못 박을 권한도 있는 줄 알지 못하느냐?" 그리고 요한복음은 예수께서 자기에게 제기된 혐의에 아무 대답도 하지 않자 빌라도가 '두려워했다', '놀랍게 여겼다'고 말합니다. 이 이야기에서 이상한 점은, 예수께서 다름 아닌 목소리를 빼앗긴 사람의 위치에 있다는 점입니다. 그분은 자신이 몸담은 세상의 폭력과 불의에 의해 강제로 침묵당한 사람입니다. 그런데 그 후의 내용을 보면 묘하게도 예수께서는 상황을 뒤집어 놓습니다. 그분의 침묵, 그분의 완전한 현존과 개방성, 그리고 투쟁으로 자기 뜻을 강요하지 않겠다는 그분의 태도는, 권력을 지닌 이들―혹은 권력을 지녔다고 생각하는 이들―에게 위협이 됩니다. 대제사장은 거의 이런 어조로 말합니다. "말해 주시오, 제발!"("내가 너로 살아 계신 하나님께 맹세하게 하노니……우리에게 말하라", 마 26:63). 예수의 침묵 앞에서 빌라도의 놀라움과 당혹감과 두려움은, 예수께서 자신에게 강요된 무력함 곧 침묵을 수용하되, 그것이 하나님의 신비가 현존하는 세계 속의 장소가 되게 하신다는 점을 상기시켜 줍니다. 작은 규모이기는 하지만, 우리가 하나님의 신비 때문에 참으로 온전히 침묵하려고 하거나 우리 자신이 침묵당하게 될 때, 바로 이러한 일이 일어납니다. 우리는 하나님의 신비가 일어나는 '장소'가 됩니다.

누군가가 침묵 속에서 기도하거나 묵상하는 모습은 그 자체로 우리를 침묵으로 이끄는 어떤 요소가 됩니다. 여러분이 불교명상 센터나 수도원 성당에 들어가서 어떤 이가 깊이 묵상하는 장면을 본다면, 여러분은 약간의 지각만 있어도 대화를 시작하려고 하지 않을 것입니다. 침묵이 흐르고 있다는 사실 자체가 우리가 감당할 수 없는 일, 우리의 예측 범위를 벗어나는 무언가가 그 자리에 있다는 것을 우리에게 말해 주기 때문입니다. 그래서 재판관 앞에서 예수의 궁극의 침묵은 어떤 의미에서 복음서 전체를 관통하는 궁극의 계시의 순간입니다. 여기서 예수께서는 앞으로 어떻게 이야기할지 아무도 알지 못하는 신비로운 실재의 가시적 현현이 되십니다. "네가 하나님의 아들 메시아냐?"는 대제사장의 물음에, 예수께서는 "네가 말하였다"고 말씀하십니다. "네가 유대인의 왕이냐?"는 빌라도의 물음에, 예수께서는 "네 말과 같다"고 말씀하십니다. 질문에 대답하지 않는 이 참담한 거절은, 사람들이 세상을 끼워 맞추는 일반적 개념과 습관으로부터 무한히 벗어난 어떤 일이 예수 안에서 일어나고 있음을 가야바와 빌라도에게 말해 줍니다. 그런 이유로 이 이야기에서 기이한 사실은 이것이 계시의 순간, 신 현현의 순간이 된다는 점입니다.

예수의 위격에 대한 우리의 모든 신학과 성찰, 그리고 수백 년 동안 예수에 관해 (정당하고 불가피하게) 우리가 발전시킨 엄청나게 복잡하고 신중하며 정교한 온갖 논의 방식에서의 핵심은, 이를 통해 예수께서 재판관 앞에 계셨던 순간으로 우리를 되돌아가게 하는 것입니다. 사람이 되신 하나님을 지칭하는 단어가 전혀 없었던 까닭에, **그분을 무엇이라 부를지 아무도 알지 못했던** 바로 그 순간 말입니다. 가야바와 빌라도가 직면했던 것은, 상상할 수 있는 모든 지적 세계로부터 너무 멀리 벗어나 있어서 할 수 있는 말이라고는 아무것도 없는 상황이었습니다.

이제 잠시 멈추고 '우리가 침묵하려고 애쓰는 가운데 어떻게 **침묵시키는** 실재가 되는가' 하는 질문을 숙고해 봅시다. 가령, 우리를 침묵으로 이끄는 수도원 성당의 수도자 혹은 명상 센터의 명상가 말입니다. 우리는 어느 정도 재판관 앞에 계신 예수님의 축소판이 되어야 합니다. 우리는 하나님의 질문, 하나님의 신비가 활기를 띠는 장소가 되어야 합니다. 일상생활에서 우리는 거룩함과 신비로 불타오르는 그런 대단히 흥미로운 것을 말하거나 행하지 않습니다(이런 일이 자주 일어난다면 아주 훌륭하겠지만, 현실은 그렇지 않습니다). 오히려 우리는 하나님이 우리 안에 계시게 하고, 우리가 혼신을 다해 하나님이 계시도록 하고 있음을 최대한 보여줌으로써, 우리가 신비를 감당하기는커녕 표현할 능력조차 없음을 인정하고 잠잠히 머무름으로써, 우리는 무언가를 전달할 것입니다.

최근 나는 노리치의 줄리안(Julian of Norwich)의 글을 다시 읽다가 말문이 막혔습니다. 그가 보았던 환상의 핵심을 깨달았기 때문입니다. 그리스도께서 그에게 하신 "내가 네 간청의 근거다", "내가 너의 기도다"라는 말씀을 기억하면서 하나님이 하나님 되게 하는 일이 기도의 전부입니다.[4] 이것이 바로 우리가 중지하고, 멈추고, 잠잠하고, 침묵하고, 하나님이 나타나심을 구할 때 일어나는 신비입니다. 우리는 너무 자주 어수선한 말과 활동을 강화함으로써 다른 사람들에게 하나님의 성품과 하나님의 일하심을 전하려고 애씁니다. 하지만 하나님이 누구시고 어떤 분이신지 전하기 위해서는 우리의 침묵이 필요합니다.

> 하나님이 누구시고 어떤 분이신지 전하기 위해서는 우리의 침묵이 필요하다.

예배 중의 침묵

우리는 이것을 교회의 전례에 적용할 수 있습니다. 훌륭한 전례는 침묵과 관련이 있습니다. 내 말은 훌륭한 전례가 모두 퀘이커 집회와 같다는 의미가 아니라(물론 더 심해질 수도 있고, 우리도 종

종 그럽니다), 전례와 관련해서 그런 방향으로 우리를 나아가게 하
는 어떤 요소가 있다는 의미입니다. 성공회 영성 작가 매기 로스
(Maggie Ross)는 이렇게 말합니다.

> 침묵이냐 아니면 말이냐의 문제가 아니다. 오히려 침묵 속에서 주
> 어진 변화의 동력은 우리로 하여금 말을 통해 해석을 시도하게 함
> 으로써 확장되고 통합된다. 그와 동시에 말에서 유래하는 통찰력
> 은 다시 침묵 속으로 우리를 심화시키고 확장시킨다.[5]

매기 로스는 이것을 예배 언어에 적용합니다. 우리가 예배에
서 사용하는 언어는 침묵과 인내와 주목**으로부터** 꽃피는가? 그리
고 이 언어는 끊임없이 우리를 다시 침묵과 주목 **속으로** 이끄는가?
교회사의 상당히 많은 부분에서, 가톨릭과 개신교 전통 모두
예배 언어를 다양하게 오해했습니다. 빈 공간을 채우려는 충동,
침묵에 대한 불안이 있었습니다. 그것은 시간을 잘 운용하여 계속
무언가를 가르침으로 사람들이 올바른 개념을 얻고 있는지 확인
하려는 충동일 수도 있고, 수많은 예식을 통해 계속 무언가를 하
려는 충동일 수도 있습니다. 도리어 둘 다 종종 핵심을 놓치는 것
같습니다. 분주하고 어수선한 활동과 마찬가지로, 분주하고 어수
선한 말은 그저 주위 사람들에게 우리가 분주하고 혹시나 뭔가

135

잘못된 것은 없는지 염려하고 있음을 알려 줄 뿐입니다. 공간을 만드는 것, 공간을 만들 수 있도록 행동하고 움직이고 말하는 것, 이것이 전례가 필요한 이유입니다. 말 주위에 공간이 아주 자연스럽게 만들어지는 수도원 공동체의 전례에 사람들이 자주 깊이 감동하는 이유도 그 때문입니다. 그 안에서 사람들은 말이 변함없이 인내하며 조심스러움**에서** 나와서 다시 그 **속으로** 돌아간다는 느낌을 받습니다. 밤기도(compline)를 노래하는 수도원 성가대에 귀를 기울이는 것은 분주함의 반대편에 귀를 기울이는 것이고, 어수선함의 반대편을 주목하는 것입니다. 물론 우리 모두가 밤기도를 노래하는 수도원 성가대가 될 수 없고, 교회의 모든 신자가 그렇게 될 수도 없습니다. 하지만 내가 보기에, 판에 박힌 교회의 예배 생활과 전례 속에서 던져야 할 훌륭한 질문이 있습니다. '우리의 예배는, 우리의 말은, 이런 침묵으로부터 나와서 다시 그 속으로 돌아간다고 주장할 수 있는가?' '전례를 위해 모인 회중은 적어도 수도원 성당의 고독한 수도자와 비슷한가? 그들은 사람들을 침묵하게 만드는가?' 이러한 모습 속에서 신자는 아니나 예배 공동체에 오는 사람들의 반응은 "흥미롭군"이 아니라, "내가 어떻게 받아들여야 할지 모르겠다"여야 할 것입니다. 그리고 "내가 어떻게 받아들여야 할지 모르겠다"라고 말하는 이 순간은, 통제할 수 있고 관리할 수 있는 일상의 세계로부터 빠져나오는 정말 의미심장한 순간이 되고, 우리를 안으로 밀어 넣고, 앞으로 끌어당기는 실재의 활동을 보여주기 시작합니다.

지난 몇 십 년 동안 성공회와 로마가톨릭 교회를 비롯한 여러 교단에서 예배를 재고하여 재구성하겠다는 시도는 두 가지 실수를 범했습니다. 우리는 "모든 게 상당히 어려우니, 설명해 주어야 한다"고 말했습니다. 또한 우리는 "모든 게 상당히 길기 때문에, 손질을 해야 한다"고 말했습니다. 그 결과, 우리는 느린 속도와 신중하게 선택된 단어가 아무리 불가사의하더라도 고유한 진정성과 고유한 결과를 낳는다는 점을 놓치고 말았습니다. 그 결과, 나는 자신이 전례 보수주의자인지 전례 혁신주의자인지 알지 못하는 사람들 가운데 하나가 되었습니다. 나는 밤잠을 설치며 이 점을 우려합니다. 전례와 공동의 예배에 대해 생각할 때, 우리가 **가장 깊이** 생각해야 하는 것은 전례에서 실행되는 행동과 말이 누구도 하지 않은 어떤 일이 **거기서** 벌어지고 있다는 인식을 전달하느냐 여부이기 때문입니다. 여러분은 내 말의 의미를 아실 것입니다. 그리고 전례가 어떤 형식을 취하든, 사람들이 이런 인식을 지닐 때 전례는 활기를 얻습니다.

조금 전 나는 교회 오르간 연주자 모임에서 설교하면서, 많은 오르간 연주자가 악기의 **음계**에서 갖는 경외심 비슷한 경험에 대해 이야기했습니다. 여러분이 손가락 하나를 작은 상아 버튼 위에 놓으면 엄청난 일이 펼쳐집니다. 오르간 연주자는 기술과 근육과 지성을 사용하여, 이 연약한 인간 존재가 의자 위에서 하고 있는 것처럼 보이는 일에 비해 엄청나게 큰 결과를 낳습니다. 그런데 이것은 훌륭한 전례가 작동하는 특징에 아주 가깝습니다. 나는 오늘 설교를 시작하면서 『곰돌이 푸』(Winnie the Pooh)를 인용했습니다(많은 경우 엄청난 흥미 유발 소재이지요). 여러분은 폭풍우가 부엉이의 집을 덮쳐 가구를 전부 부수고, 나무가 땅 위에 널려 있던 장면을 기억할 것입니다. 푸는 나중에 땅에서 벌떡 일어나 이렇게 묻습니다. "지금 무슨 일이 있었던 거지?"[6] 전례에서 빠져나오면서 "지금 무슨 일이 있었던 거지?"라고 말하는 것은 더없이 적절한 경험입니다. 특별히 어느 누구도 하지 않은 일이 벌어집니다. 당연히 내가 하지 않았고, 누구도 하지 않았지요. 하지만 무슨 일인가가 펼쳐졌습니다.

따라서 우리가 기도하고 묵상하고 관상하는 사람의 개인적 영향력에 대해 이야기하든, 혹은 이러한 환경과 틀 속에 있음을 깨달은 공동체의 **집단적** 영향력에 대해 이야기하든, 동일한 내용이 적용됩니다. 우리는 출발점, 우리가 무언가를 감당하지 못하는—우리가 길들이고 조직하고 지배하지 못하는—그 영역으로 돌아옵니다. 이것은 인간다움의 필연적 특징이고, 믿음의 필연적 특징이며, 만일 나의 복음서 해석이 옳다면 이것은 그리스도를 따름의

필연적 차원입니다. 즉 우리가 그리스도와 더욱 비슷해져 갈 때,
우리 안에서 성령께서 이루시는 일 가운데 하나입니다.

하나님 앞에서의 침묵

하나님 앞에서 어떻게 침묵해야 하는지 생각할 때, 우리는 궁극
적인 역설에 맞닥뜨립니다. 여러분은 노력을 중지하기 위해 어떻
게 노력하나요? 물론 노력하지 않는 게 유일한 방법은 아닙니다.
그런 이유로 우리가 자신을 진정시키기 위해 말과 육체적 활동을
사용하는 방식은 더 깊은 침묵의 삶으로 들어갈 때 대단히 중요
해집니다. 우리는 하나님이 우리가 있는 곳에 우연히 나타날 '기
회를 하나님께 드리려고' 합니다. 우리가 어떻게 그럴 수 있을까
요? 자, 우리는 가만히 앉아 "이제 침묵할 거야. 정말 하나님께 집
중할 거야"라고 말할 수 있습니다. 하지만 이런 말이 얼마나 무용
한지는 우리 모두가 압니다. 아니면 우리는 가만히 앉아 "하나님
의 아들 주 예수 그리스도시여, 이 죄인에게 자비를 베푸소서" 혹
은 "나의 주, 나의 하나님이여" 혹은 "내 영혼의 연인, 예수여"라
고 말할 수 있습니다. 이런 고백이 거의 알아채지 못할 정도로 부
드럽게 다듬어질 때까지 말이지요. 여러분은 자신의 호흡을 주목

할 수 있고, 횡격막의 오르내림을 의식할 수 있으며, 여러분 안에서 생명의 순간을 의식할 수 있습니다. 그리고 여러분이 무언가를 **생각**한다면, 그저 이렇게 생각할 수 있습니다. '자, 호흡을 들이쉬고 내쉬는 지금, 나의 존재 전체는 생명이 우연히 나타나는 장소다.' 호흡이 안으로 들어오고, 호흡이 밖으로 나갑니다. 나는 생명이 우연히 나타나는 장소입니다. 그리고 만일 내가 생명이 우연히 나타나는 장소라면, 나는 **하나님**이 우연히 나타나는 장소입니다. 따라서 물리적 환경, 침묵 속으로 들어가기 위해 우리가 선택하는 말, 이런 것들이 아주 심오한 중요성을 갖습니다. 이것들은 심연—우리가 속해 있는 곳—밖으로 우리를 온유하면서도 단호하게 데리고 나오는 요소의 일부이기 때문입니다. 이는 제자됨의 중심이자 핵심 요소인 인간적 능력과 불안을 내려놓는 것의 한 부분입니다.

우리가 이번 장을 시작하면서 언급했던 바, 침묵으로 이끌리는 모든 일상적이고 평범한 경험을 생각하는 게 가끔 도움이 됩니다. 누구든 그리스도교의 관상 혹은 무엇이든 다른 종류의 관상이 기이하고 부자연스러운 것이라고 생각하지 않도록 말입니다. 사실 우리가 어쨌든 인간다워지기 위해서는, 우리의 심연 밖으로 밀려 나가는 이런 특별한 순간이 필요합니다. 이는 인간다운 것이지, 공황 상태가 아닙니다. 그리고 신앙에서 표현하고 구현하고 교육하는 침묵이 완전히 다른 종류의 것은 아닙니다. 그런 이유로 일상생활에서 우리가 어찌할 바를 알지 못하는 이런 순간을 의식하는 것은 아무런 문제가 되지 않습니다. 만일 우리가 영적 여정을 지속

> 우리가 인간다워지기 위해서는, 우리의 심연 밖으로 밀려나가는 특별한 순간이 필요하다.

해 가는 사람이라면, 우리가 무언가를 이런 식으로 경험하는 때를 기억해 두는 것 또한 문제가 되지 않습니다. 즉 대화를 나누는 순간이라든지, 거리를 걷거나 여행에서 위험에 처했던 순간, 텔레비전을 시청하던 순간, 연극이나 콘서트의 마지막 순간, 곧 무슨 말을 해야 할지 몰라 일어난 일만이 가장 중요하다고 깨닫는 그런 순간들 말입니다.

이에 대해 생각하면서, 복음서에서 속수무책으로 침묵당한 예수께서 신비롭게 자신의 침묵과 무력함을 존재감과 설교, 더 나아가 심판의 방편으로 만드시는 저 특별한 역전의 순간과 연결시키는 것도 도움이 됩니다. 우리는 모든 인간성을 안고, 우리가 이런 식으로 진지하게 침묵하려고 노력할 때 가야바와 빌라도가 보았던 것을 우리 안에서 볼 수 있도록 기도합니다. 물론 우리가 결코 그렇게 **생각**하지 않을 때 말이지요. 이는 침묵에 내재된 또 하나의 엄청난 역설입니다. 이집트의 성 안토니우스(St Antonius of

Egypt)의 말처럼, "만약 여러분이 기도한다고 의식한다면, 여러분은 정말 기도하는 게 아닙니다." 그렇기는 하지만 이런 소박한 보조물을 갖는 것, 즉 그저 '침묵' 외에 다른 것에 대해 생각할 거리를 우리에게 주는 말과 육체의 훈련은 해로운 교만이나 자의식의 표식이 아닙니다. 우리는 침묵에 대해 생각하지 않고, 그저 거기 있기 위해 말을 이용하고, 호흡을 이용하고, 우리의 자세를 이용합니다. 우리는 하나님이 하나님 되게 하고, 그 과정에서 우리는 스스로 더 온전한 인간이 되어 갑니다. 그 이유는 하늘의 특별한 경륜 속에서 하나님은 우리를 위한 하나님이 되시고, 우리 인간은 하나님을 위해 인간다워지기 때문입니다. 우리가 이것을 깨달으면 온갖 기쁨과 성취가 가능해집니다.

하나님은 우리를 위한 하나님이 되시고, 우리 인간은 하나님을 위해 인간다워진다.

변화된 인간성

주님 승천 대축일(Feast of the Ascension)은 교회 전례력에서 가
장 중요한 날 가운데 하나로, 그리스도께서 부활하신 뒤 40일째
에 성부께 돌아가신 일을 기념하는 날입니다(행 1:1-11). 예수께
서는 요한복음에서 이렇게 말씀하십니다. "내가 아버지에게서 나
와 세상에 왔고 다시 세상을 떠나 아버지께로 가노라"(요 16:28).

주님 승천 대축일에 많이 부르는 한 찬송에는 이런 가사가
나옵니다.

주님은 우리 인간의 본성을 구름 속으로 올려

하나님의 오른손에 두셨도다.[1]

이 문맥에서 예수의 승천은, 예수께서 다양하면서 연약한 우
리의 온갖 인간성을 신적 생명의 중심부로 가져가신다는 특별한
사실을 기념하는 사건입니다. 찬송은 "사람이 하나님과 함께 보

좌에 있다"고 이어집니다. 그 의미에 생각이 미치기 시작하면, 대단히 충격적인 가사이지요.

무엇보다 먼저 이것은 인간성 자체―우리 모두 알다시피, 다양한 방식으로 오염되고 상처 나고 제한된 인간성―에 관한 좋은 소식입니다. 여러분과 나의 이러한 인간성은 여전히 하나님께 받아들여질 수 있고, 하나님의 영광으로 가득 찰 수 있고, 실재 자체의 불타는 심장 속으로 받아들여져 환영받을 수 있습니다. 또 다른 찬송가 가사처럼, 우리는

하나님의 보좌로
아버지의 가슴으로[2]

환영받습니다.

이 주제를 조금만 더 발전시켜 봅시다. 예수께서 우리의―여러분과 나의―인간 본성을 하나님의 심장으로 가져가시고, 그분은 성부 하나님께 인간의 목소리로 말씀하십니다. 하늘에서 두 분이 사용하는 언어는 천사의 언어가 아니라 인간의 언어입니다. 우리의 말, 인간의 말이 저 불타는 실재의

예수께서는 우리의 인간 본성을 하나님의 심장으로 가져가신다.

심장 중심부에서 들립니다.

아우구스티누스는 시편에 관한 여러 설교에서 이 문제를 성찰했습니다. 우리 대부분과 마찬가지로, 그는 시편이 정중한 동행에 항상 적합한 것은 아니라는 사실에 대해 상당한 우려를 표했습니다. 시편은 거칠고 분노하고 맹렬하고 증오하는 발언으로 가득합니다. 시편에는 하나님을 향한 항변과 사람을 겨냥한 극심한 악의가 담겨 있습니다. 시편은 말 그대로 인간적이라고 말할 수도 있겠습니다. 그런데 왜 우리는 공적 예배에서 시편을 암송할까요? 시편은 단지 하나님 보시기에 버려지기 딱 좋은 우리 인간성의 특징을 상기시키는 단서에 불과할 텐데도 말입니다.

아우구스티누스의 논점은 이렇습니다. 즉 우리 인간성의 조각을 하나님의 눈 밖에 두려는 시도가 아무 소용 없다는 사실에서 그치지 않고, 하나님은 사실 **적극적으로** 우리의 언어를 하나님 자신의 언어로 삼으신다는 것입니다. 따라서 시편을 고백하거나 들을 때, 여러분은 예수께서 말씀하신다고 상상해야 합니다. 그리고 놀라운 생각이 또 있습니다. 즉 **예수**께서 "하나님, 어디 계십니까?"라고 말씀하시고, **예수**께서 "나의 하나님, 왜 나를 버리셨습니까?"(그때 정말 하나님은 그러셨습니다)라고 말씀하시며, **예수**께서 "내 원수를 멸하소서" 또는 "그 자녀들을 돌 위에 내던지는 이들은 복이 있도다"(하나님이 아시겠지요)라고 말씀하신다는 것입니다. 그런데 아우구스티누스에 따르면, 그렇다고 해서 예수께서 무엇이든 인간의 모든 부르짖음이 선한다고 말씀하신다는 뜻은 아닙니다. 예수께서 원수에게 복수하거나, 심지어 성부 하나님을 향해 주먹질하려는 생각을 지지하신다는 의미도 아닙니다. 오히려 이 말은 예수께서 우리, 우리의 감정, 우리의 혼란스러운 성품을 **진실한 것으로** 다루신다는 의미입니다. 그분은 우리를 진지하게 대하십니다. 우리가 사랑 속에서 하나님과 서로를 향해 움직일 때, 그분은 우리를 진지하게 대하십니다. 또한 놀랍게도, 우리가 반대 방향으로 움직일 때에도─우리가 파괴적이고 혐오스러운 생각 속으로 추락할 때에도─하나님은 우리를 진지하게 대하십니다. 우리가 자신을 어둠 속에 가두려고 할 때에도, 하나님은 우리를 놓지 않으시며, 우리를 시야에서 놓치지 않으십니다. 예수께서는 우리가 하는 말─고통과 저항과 분노와 폭력의 말─을 전부 들으십니다. 예수께서는 우리의 모든 말을 듣고 취하셔서, 성부 하나님의 현존 안에서 이렇게 말씀하십니다. "이것이 내가 취했던 인간성입니다. 매력적인 모습은 아니지만, 교화적이거나 감동적이거나 모범적이지는 않지만, 진실한 것입니다. 볼품없고 혼란스러운 실재이지만, 여기 (이 복합적인 인간성을) 하늘로 가져와─치유를 위해 또한 변화를 위해─하나님의 불타는 심장 속에 떨어뜨렸습니다." 시편을 고백하거나 들을 때, 여러분은 이러한 맥락을 깊이 염두에 두어야 합니다. 아마도 이것은 시편의 상당히 많은 부분을 다루는 유일한 길인 것 같습니다.

그런데 아우구스티누스가 생각하는 모든 내용은 예수께서 승천하신다는 기본적 깨달음으로부터 생겨납니다. 하나님이 자신을 가장 또렷하고 분명하게 나타내셨던 인간의 삶은, 그 이전 형태는 인간 세계에서 모습을 감추고, 어쨌든 영원한 하나님의 생명 속으로 빠져들게 됩니다. 그리고 우리의 인간성, 그 전부가 예수와 함께 갑니다. 바울이 그리스도를 "만물 안에서 만물을 충만하게 하시는 이"로 말할 때(엡 1:15-23), 우리는 이 그림을 염두에 두어야 합니다. 즉 예수의 인성은 까다롭고 완고하고 비루한 인간성의 조각들을 받아들여, 그것들이 치유되고 변화될 수 있는 유일한 곳인 사랑의 심장 속으로 가져갑니다. 그리고 사도행전에서 예수께서 "아버지께서 약속하신" 성령이 세상에 임하실 것이라고 말씀하실 때(행 1:1-11), 그분의 말씀은 성령의 은사 덕분에 우리가 새로운 부류의 **존재**가 될 뿐 아니라 인간을 새롭게 **보고** 다르게 들을 수 있다는 뜻입니다. 오순절 바람과 불로 우리를 덮으실 때, 성령께서는 우리에게 예수의 생명을 주십니다. 그분은 인간이 정말로 하는 말을 들을 수 있는 예수의 능력에 버금가는 것을 우리에게 주십니다. 까다롭고 비루한 인간 세계의 조각들, 유익하지 않은 조각들을 걸러내지 않는 용기를 우리에게 주십니다. 우리

성령께서는 우리의 눈과 우리의 귀와 우리의 마음을 열어 인간다움의 총체적 의미를 깨닫게 하신다.

의 눈과 우리의 귀와 우리의 마음을 열어 인간다움의 총체적 의미를 깨닫게 하십니다. 그래서 그리스도인은 세상의 거친 진리로부터 보호받아야 하는 어떤 존재가 되는 대신, 저 방대한 인간 경험에 **더 많이** 열리고 **더 많이** 개방되어야 합니다. 그리스도인은 인간 목소리의 어떤 조각, 종종 고통과 분노와 폭력으로 점철되어 있는 저 고통에 찬 교향곡을 검열할 위치에 있지 않습니다. 그리고 우리가 그 목소리에 열려 있고 그것을 듣고 있음을 인식하는 것은, 대수롭지 않게 "저런, 그게 바로 인간 본성이지"라고 말하는 것이 아닙니다 (이것은 도덕 언어에서 가장 유익하지 않은 어구 가운데 하나입니다). 반대로, 우리는 인간의 분노와 고통 속에서 강렬한 아픔을 느낍니다. 우리는 이 아픔을 그리스도 **안으로** 또한 성부의 심장 **속으로** 가져갈 수 있음을 깨닫습니다. 이 아픔은 치유될 수 있습니다. 변화될 수 있습니다.

예수께서 우리보다 먼저 인간 실재의 가장 어두운 곳으로 들어가셨습니다. 그분은 자신이 듣는 소리들을 들어 올리셨습니다. 그 소리들이 어떤 것인지 생각해 보십시오. 학대당한 아이의 말 없는 울음, 중동에서 여러 가지 무분별한 폭력에 둘러싸여 위협당하는 난민과 여성의 절망적인 눈물, 홍수나 허리케인이 가족의 생존을 파괴하는 현장을 지켜보는 남성의 두려움……. 예수께서 굶주린 자들과 잊혀진 자들의 울음을 들어 올리십니다. 그분은 누구도 듣지 않는 인간의 음성을 들으십니다. 그리고 우리를 향해 "너희도 들으라"고 요청하십니다. 예수께서는 신앙에 맞서는 교양인의 냉소적 거부를 자신의 것으로 여기시고, 그것을 통해 근본적인 필요를 보십니다. 그분은 일상의 노동을 수행하면서 평범한 매일의 사랑과 성실 속에서 성취를 발견하는 인간의 기쁨과 경축과 감사를 자신의 것으로 여기십니다. 이 모든 것을 "하나님의 보좌로 / 아버지의 가슴으로", 진리와 실재의 불타는 심장으로 가져가십니다.

주

1 ── 의식이란 무엇인가

1 ── Stanislas Dehaene, *Consciousness and the Brain: Deciphering How the Brain Codes Our Thoughts*(New York, Viking Press, 2014). (『뇌의식의 탄생』 한 언출판사)

2 ── Edith Stein, *On the Problem of Empathy*(Washington, DC, Institute of Carmelite Studies, 2nd edn, 1989).

3 ── Iain McGilchrist, *The Master and His Emissary*(New Haven, CT, Yale University Press, 2009). (『주인과 심부름꾼』 뮤진트리)

4 ── Raymond Tallis, *Reflections of a Metaphysical Flâneur*(Abingdon and New York, Routledge, 2014).

5 ── Tallis, *Reflections of a Metaphysical Flâneur*, p. 164에서 인용.

6 ── Daniel Dennett, *Consciousness Explained*(Boston, MA, Little Brown, 1991). (『의식의 수수께끼를 풀다』 옥당)

7 ── Ludwig Wittgenstein, *Lectures and Conversations on Aesthetics, Psychology and Religious Belief*(Oxford, Blackwell, 1966), pp. 23-24. (『미학·종교적 믿음·의지의 자유에 관한 강의와 프로이트에 관한 대화』 필로소픽)

8 ── John Gray, *The Soul of the Marionette: A Short Enquiry into Human Freedom*(London: Allen Lane, 2015). (『꼭두각시의 영혼』 이후)

2__ 인격이란 무엇인가

1__ Vladimir Lossky, 'The Theological Notion of the Human Person' in *In the Image and Likeness of God* (New York, St Vladimir's Seminary Press, 1974), p. 120.

2__ Robert Spaemann, *Essays in Anthropology* (Eugene, OR, Cascade Books, 2010), p. 19.

3__ Richard Sennett, *Together: The Rituals, Pleasures and Politics of Co-operation* (London, Allen Lane, 2012), p. 115. (『투게더』 현암사)

4__ Sennett, *Together*, p. 188, Alexis de Tocqueville, *Democracy in America*, trans. and ed. H. C. Mansfield and D. Winthrop (Chicago, IL, University of Chicago Press, 2002)에서 인용.

5__ Patricia Gosling, *Fatal Flaws* (London, Lulu, 2012), p. 12.

6__ Sennett, *Together*, p. 219.

3__ 몸·마음·생각

1__ Iain McGilchrist, *The Master and His Emissary* (New Haven, CT, Yale University Press, 2009). (『주인과 심부름꾼』 뮤진트리)

2__ 필립 셰퍼드는 몸 자체가 신경 계통의 다양한 중심점(focal points)을 통해 '생각하는' 방식에 대해 광범위한 글을 쓴 철학자다.

3__ Richard Sennett, *The Craftsman* (New Haven, CT, Yale University Press, 2008). (『장인』 21세기북스)

4__ Jo Guldi and David Armitage, *The History Manifesto* (Cambridge, Cambridge University Press, 2014). (『역사학 선언』 한울)

5__ Edith Stein, *On the Problem of Empathy* (Washington, DC, Institute of Carmelite Studies, 2nd edn, 1989).

6__ Augustinus, *Confessions* VII. 17-18. (『성어거스틴의 고백록』 대한기독교서회)

4__ 믿음과 인간의 번영

1 __ Søren Kierkegaard, Ernest Becker, *The Denial of Death*(New York, The Free Press, 1997), p. 84에서 인용. (『죽음의 부정』 인간사랑)

2 __ Ernest Becker, *The Denial of Death*(New York, The Free Press, 1997), 예를 들어 pp. 84-85.

3 __ Thomas Ken, 'Awake my soul'(1674).

4 __ Richard Sennett, *The Corrosion of Character: The Personal Consequences of Work in the New Capitalism*(New York, W. W. Norton & Co., 1998). (『신자유주의와 인간성의 파괴』 문예출판사)

5__ 침묵과 인간의 성숙

1 __ Richard Hooker, *Of the Laws of Ecclesiastical Polity* 1.2.

2 __ John of the Cross, *Spiritual Canticle* 9.4. (『영가』 기쁜소식)

3 __ Sara Maitland, *A Book of Silence*(London, Granta, 2008), p. 28. (『침묵의 책』 마디)

4 __ Julian of Norwich, *Revelations of Divine Love*, ch. 41.

5 __ Maggie Ross, *Writing the Icon of the Heart: In Silence Beholding*(Eugene, OR, Cascade Books, 2013), p. 89.

6 __ A. A. Milne, *The House at Pooh Corner*(London, Methuen & Co., 1928), ch. 8.

에필로그 __ 변화된 인간성

1 __ Christopher Wordsworth, 'See the Conqueror mounts in triumph'(1862).

2 __ Caroline M. Noel, 'At the name of Jesus'(1870).

추천 도서

___ Ernest Becker, *The Denial of Death* (New York, The Free Press, 1997). (『죽음의 부정』 인간사랑)

___ Stanislas Dehaene, *Consciousness and the Brain: Deciphering How the Brain Codes Our Thoughts* (New York, Viking Press, 2014). (『뇌의식의 탄생』 한언출판사)

___ Daniel Dennett, *Consciousness Explained* (Boston, MA, Little Brown, 1991). (『의식의 수수께끼를 풀다』 옥당)

___ Patricia Gosling, *Fatal Flaws* (London, Lulu, 2012).

___ John Gray, *The Soul of the Marionette: A Short Enquiry into Human Freedom* (London: Allen Lane, 2015). (『꼭두각시의 영혼』 이후)

___ Jo Guldi and David Armitage, *The History Manifesto* (Cambridge, Cambridge University Press, 2014). (『역사학 선언』 한울)

___ John of the Cross, *Spiritual Canticle*. (『영가』 기쁜소식)

___ Julian of Norwich, *Revelations of Divine Love*.

___ Vladimir Lossky, 'The Theological Notion of the Human Person' in *In the Image and Likeness of God* (New York, St Vladimir's Seminary Press, 1974).

—— Iain McGilchrist, *The Master and His Emissary* (New Haven, CT, Yale University Press, 2009). (『주인과 심부름꾼』 뮤진트리)

—— Sara Maitland, *A Book of Silence* (London, Granta, 2008). (『침묵의 책』 마디)

—— Maggie Ross, *Writing the Icon of the Heart: In Silence Beholding* (Eugene, OR, Cascade Books, 2013).

—— Richard Sennett, *The Corrosion of Character: The Personal Consequences of Work in the New Capitalism* (New York, W. W. Norton & Co., 1998). (『신자유주의와 인간성의 파괴』 문예출판사)

—— Richard Sennett, *The Craftsman* (New Haven, CT, Yale University Press, 2008). (『장인』 21세기북스)

—— Richard Sennett, *Together: The Rituals, Pleasures and Politics of Co-operation* (London, Allen Lane, 2012). (『투게더』 현암사)

—— Philip Shepherd, *New Self, New World: Recovering Our Senses in the Twenty-first Century* (Berkeley, CA, North Atlantic Books, 2010).

—— Robert Spaemann, *Essays in Anthropology* (Eugene, OR, Cascade Books, 2010).

—— Raymond Tallis, *Reflections of a Metaphysical Flâneur* (Abingdon and New York, Routledge, 2014).

—— Ludwig Wittgenstein, *Lectures and Conversations on Aesthetics, Psychology and Religious Belief* (Oxford, Blackwell, 1966). (『미학·종교적 믿음·의지의 자유에 관한 강의와 프로이트에 관한 대화』 필로소픽)

스터디 가이드

개인 묵상과 그룹 토의를 위한 질문

1. 의식이란 무엇인가

1 | 현재 여러분의 삶에서 가장 중요한 사람들은 누구인가? 그리고
그들은 여러분을 그들과의 관계에서 어떻게 여기고 있다고 보는가?

2 | 여러분의 인생 이야기 중에서, 여러분 자신에 대한 의식과 여러분
이 주변세계를 바라보는 방식에 영향을 주었던 중요한 순간이나 에
피소드가 있는가?

2. 인격이란 무엇인가

1 | 여러분 자신을 한 개인이 아니라 한 인격으로 볼 때 어떤 변화가
생기는가?

2 | 여러분은 다른 사람을 더 많이 통제하고 싶다고 느낀 적이 있는가? 그런 느낌을 갖는 게 좋았는가?

3. 몸·마음·생각

1 | 그동안 살아오면서 시간을 들여 기술을 익혔던 경험을 떠올려 보라. 여러분은 그 기술을 어떻게 배웠고, 그 지식을 어떻게 발전시켰는가? 여러분의 삶에서 비슷한 방식으로 발전되었던 다른 영역이 있는가?

2 | 공감이란 무엇이며, 공감은 어떻게 계발되는가? 또한 공감이 인간다움의 핵심 요소인 이유는 무엇인가?

4. 믿음과 인간의 번영

1 | 여러분은 시간을 어떻게 대하는가? 인간다움에 기여하도록 긍정적이고 건설적으로 시간을 활용할 수 있는 방안에는 어떤 것이 있는가?

2 | 그리스도인으로서 여러분의 믿음과 실천 방식은 다른 믿음을 가진 사람들에게 어떻게 비칠 것이라고 보는가?

5. 침묵과 인간의 성숙

1 | 여러분은 침묵을 어떻게 대하는가? 인간다움에 기여하도록 긍정적이고 건설적으로 침묵을 활용할 수 있는 방안에는 어떤 것이 있는가?

2 | 여러분이 보기에, 사람들이 침묵이나 관상기도를 실천할 때 하나님께 더 가까이 가는 데 도움이 된다고 느끼는 이유는 무엇인가?